은혜의
수단

The Essential Means of Grace

THE ESSENTIAL MEANS OF GRACE

Copyright ⓒ 2020 by Paul Washer
Originally published in English under the title The Essential Means of Grace
by Reformation Heritage Books, Grand Rapids, MI, USA.
This Korean edition is translated and used by permission of
Reformation Heritage Books through rMaeng2, Seoul, Republic of Korea.

This Korean Edition ⓒ 2020 by Word of Life Press, Seoul, Republic of Korea.

이 한국어판의 저작권은 알맹2를 통하여
Reformation Heritage Books 사와 독점 계약한 생명의말씀사에 있습니다.
신저작권법에 의하여 한국 내에서 보호받는 저작물이므로
무단 전재와 무단 복제를 금합니다.

은혜의 수단

ⓒ 생명의말씀사 2020

2020년 12월 24일 1판 1쇄 발행
2024년 7월 29일　　　2쇄 발행

펴낸이 | 김창영
펴낸곳 | 생명의말씀사

등록 | 1962. 1. 10. No.300-1962-1
주소 | 서울시 종로구 경희궁1길 6 (03176)
전화 | 02)738-6555(본사)·02)3159-7979(영업)
팩스 | 02)739-3824(본사)·080-022-8585(영업)

기획편집 | 임선희
디자인 | 조현진
인쇄 | 영진문원
제본 | 다온바인텍

ISBN 978-89-04-16742-5 (03230)

저작권자의 허락없이 이 책의 일부 또는 전체를
무단 복제, 전재, 발췌하면 저작권법에 의해 처벌을 받습니다.

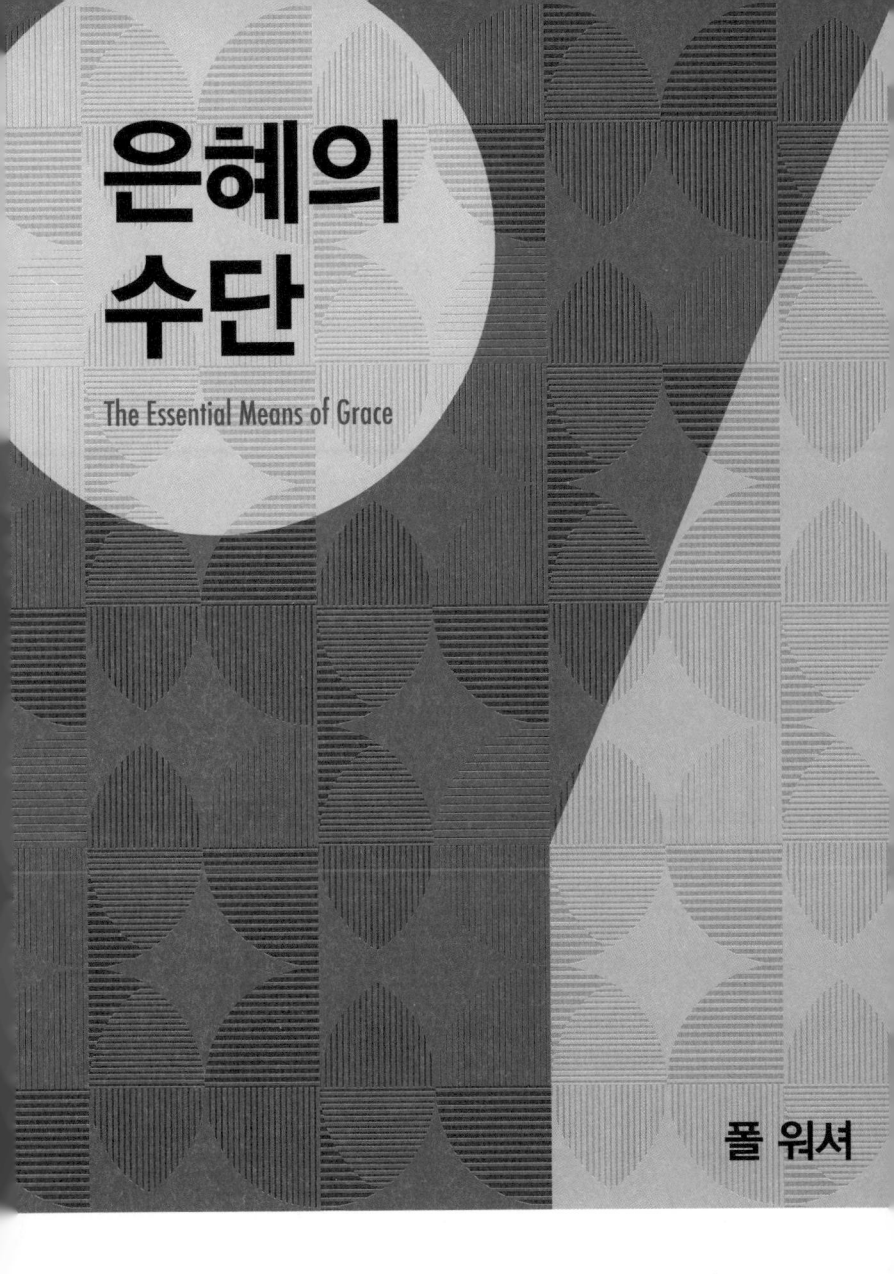

추천사

 자신이 영적으로 성장하지 못하고 있다는 사실을 슬퍼하고, 그리스도의 형상을 더 닮아 가기 원하시는 성도들에게 이 책은 참으로 유익하고 귀한 도전이 될 것입니다. 이 책이 우리가 직면하고 있는 문제들에 대한 쉬운 해답을 준다거나, 우리들의 영적인 삶에 짧은 시간에 획기적인 변화를 가져온다거나, 혹은 그동안 우리들이 들어 보지도 못한 새롭고 신박한 내용을 담고 있다는 말이 아닙니다. 오히려 이 책은 우리에게 교회 역사를 통해 많은 믿음의 선배들이 경험했던 오래된 문제들에 대한 오래된 대답들, 즉 바르고 성경적인 길들을 만나게 해 줍니다. 책은 짧지만 내용과 울림은 깊고 길어, 우리의 삶에 두고두고 좋은 영향을 끼칠 것입니다.

 은혜의 수단이란 하나님께서 성도들이 그리스도를 닮아 가며 성장하도록 제정하신 일반적인 방법들을 가리킵니다. 오늘날 조국 교회에서는 적지 않은 성도들이 무언가 비범한 일이 일어나서 삶이 획기적으로 변하며, 한순간에 성령님께서 우리의 온갖 영적 병폐들을 고쳐 주셔서 안 되던 경건한 삶이 기적같이 이루어지는 일을 기대하는 듯합니다. 그와 같이 놀라운 일은 비범한 부흥의 때에 있었던 일이며 그래서 사모하며 바랄 만한 것이긴 하지만 그런 것이 하나님께서 교회와 성도들의 성장을 위해 주신 일반적인 방법은 아닙니다. 비범한 것을 향한 우리의 갈망이 결코 하나님께서 우리에게 자라고 변화되라고 주신 일반적인 은혜의 수단을 무시하게 해서는 안 됩니다. 대체로 하나님께서는 그분의 경륜 안에서 백성들에게 이미 허락하신 일반적인 은혜의 수단들을 다 소진하기 전까지는 비범한 일들을 잘 행하지 않으시기 때문입니다.

신실하시고 변함없으신 하나님께서 우리가 살고 있는 오늘, 이런 은혜의 수단들을 사용하셔서 우리를 자라게 하시고 조국 교회를 새롭게 변화시키셔서 성령의 놀라운 은혜와 부흥의 역사가 온 조국 교회에 풍성히 흘러 넘쳐나기를 기대하며, 작으나 큰 유익을 주는 이 귀한 책을 기쁜 마음으로 적극 추천하는 바입니다.

— 화종부 목사(남서울교회)

저자를 처음 접한 것은 회심에 관한 짤막한 동영상에서였습니다. 회심하지 못한 인생의 비참함을 눈물을 흘리며 선포하는 강력한 첫인상 때문에 이후 저자의 설교와 글을 찾아 읽게 되었습니다. 제가 보기에 그는 '거짓된 교회'를 부수기 위해 나타난 선지자였습니다. 책을 펼치며 또 한 번 그 선지자의 음성 듣기를 기대했습니다.

영적으로 성장하기 원한다면, '은혜의 수단'이 필요합니다. 그는 쉬운 해답, 단기 코스, 새롭고 신박한 내용을 이야기하지 않습니다. 오래된 문제에 대한 오래된 해답을 오늘의 언어로 들려줍니다. 저자가 은혜의 수단으로 제시하는 것은 '말씀, 기도, 회개와 죄 고백, 교회' 4가지입니다. 일반적이고 전통적인 '은혜의 수단'에 저자만의 강조와 추가설명이 있습니다.

'말씀'과 관련하여 모든 말씀이 그리스도를 향해야 한다는 것과 말씀을 전하는 자의 책임을 강조합니다. '기도' 부분에서는 주님의 본과 기도로 우리의 기도의 태도와 내용을 교정하자고 말합니다. 일반적이지만 논리적 치밀함과 목양적 친절함으로 말씀과 기도의 중요성을 들려줍니다.

이 책의 독특성은 세 번째와 네 번째 수단으로 제시하는 '회개와 죄 고백', 그리고 '교회'입니다. '회개와 죄 고백'은 현대 교회에 이 요소가 너무도 부족하기 때문에 포함했습니다. 참된 말씀과 기도, 성도의 교제가 있다면 회개와 죄 고백이 필수임에도 이 일이 거의 일어나지 못하는 상황에 대한 저자의 탄식입니다. '교회'도 '지역 교회'로 한정합니다. 자격을 갖춘 목회자, 성도의 교제, 바른 의식과 치리가 가능한 곳은 '지역 교회'이기 때문입니다. 지역 교회의 의미가 점점 축소되는 상황에 대한 도전입니다.

책을 읽기 전에 기대했던 것은 '거짓을 부수는 선지자'였습니다. 그러나 책을 닫는 지금 저는 '참된 교회를 세우기 원하는 제사장'을 만난 것 같습니다. 많이 망가지고 부서졌지만, 그럼에도 포기할 수 없는 주님의 교회를 세우기 위해, 유모가 되어 교회를 끌어안고 있는 저자를 만납니다. 저자가 말하는 이 오래된 길에서 우리 모두가 하나님의 비범한 은혜를 누릴 수 있기를 소원합니다.

― 조영민 목사(나눔교회)

목차

The Essential Means of Grace

추천사 _04

01. 은혜의 수단들 _10

02. 말씀 _22
성경공부 / 성경 강해 / 예배 중 성경 사용 / 성경의 위대한 주제

03. 기도 _48
그리스도의 본을 따름 / 그리스도께 배움 / 개인 기도와 공동체 기도

04. 회개와 죄 고백 _72
회개 / 죄 고백 / 믿음의 표징 / 적용의 기쁨

05. 교회 _102
장로의 자격을 갖춘 목회자 / 성도의 교제 / 의식 / 교회의 권징

06. 단순하지만 필수적인 것들 _122

01.

은혜의
수단들

자신이 영적으로 성장하지 못한다는 사실에 슬퍼한 적 있으신가요?

그리스도의 형상을 더 닮아 가기 원하시나요?

만약 이 질문에 "그렇다"고 답하신다면 이 짧은 책은 바로 당신을 위한 책입니다.

그렇다고 해서 이 책을 통해 쉬운 해답을 얻을 수 있다거나 당신의 영적인 삶을 단기간에 고칠 수 있는 것은 아니라는 말씀을 드려야겠습니다.

그동안 들어 보지 못한 새롭고 신박한 내용이 있는 것도 아닙니다.

여기서 당신이 발견하게 될 것은 오래된 문제에 대한 오래된 해답입니다.

달리 표현하면 삼키기 딱딱한 약 같은 것입니다. 대부분의 사람들이 먹기 쉬운 물약을 선택하느라 무시하는 것들이지요.

그럼에도 만약 당신이 더 이상의 영적 병치레가 지긋지긋하게 느껴진다면, 그동안 산자락에서 충분히 헤매었으니 이제는 힘들더라도 정상으로 가는 길을 제대로 밟기 원한다면 이 작은 책이 어느 정도 도움이 될 것입니다.

지금 있는 위치에서 더 성장할 수 있는 요긴한 수단이 될 것입니다.

어떤 언어를 쓰는 그리스도인이든 반드시 배우고 자신의 삶 속에 적용해야 할 중요한 신학적 표현이 있습니다.

우리말로는 **은혜의 수단**이라고 번역되는 라틴어 **메디아 그라치아이**(media gratiae)입니다.

수세기 동안 교회는 이 짧은 용어로 주 예수 그리스도께서 지속적으로 성화되고 거룩해지라고 교회에 주신 은혜의 수단이자 선물을 표현해 왔습니다.

이 중에서 가장 명백하고 본질적인 것은 성경을 공부하는 것과 기도하는 것, 그리고 지역 교회의 생명과 사역에 참여하는 것입니다.

이것은 구원을 얻거나 구원을 위한 공로를 쌓기 위해 **해야 하는 것들**이 아닙니다.

하나님께서 신자에게 주신 선물로서, 오직 예수 그리스도 안에 있는 믿음을 통해 은혜로만 얻는 구원 안에서 자라가기 위한 것들입니다.

사도 바울이 썼듯이 말입니다.

너희는 그 은혜에 인하여 믿음으로 말미암아 구원을 받았으니 이것은 너희에게서 난 것이 아니요 하나님의 선물이라. 행위에서 난 것이 아니니 이는 누구든지 자랑하지 못하게 함이라(엡 2:8-9).

성경은 구원이 **일방적**이라는 사실을 계속해서 반복하여 증거합니다.

즉 한쪽의 사역이라는 것입니다.

하나님은 우리의 구원을 계획하시고 이루신 분입니다.

그리고 우리는 그분이 구속하신 대상입니다.

하지만 성경은 우리의 성장이 협력에 의한다는 것 또한 강조합니다.

둘, 혹은 그 이상이 함께 하는 사역이라는 것입니다.

이는 바울이 빌립보 교회를 권면할 때 훌륭하게 표현되었습니다.

> 그러므로 나의 사랑하는 자들아 너희가 나 있을 때뿐 아니라 더욱 지금 나 없을 때에도 항상 복종하여 두렵고 떨림으로 너희 구원을 이루라. 너희 안에서 행하시는 이는 하나님이시니 자기의 기쁘신 뜻을 위하여 너희에게 소원을 두고 행하게 하시나니(빌 2:12-13).

이 완벽한 균형에 주목하십시오.

하나님의 기쁘신 뜻을 위하여 우리가 의지를 가지고 일하게 하시는 분이 바로 하나님이시기에 우리는 우리의 구원을 두려움과 떨림으로 이루어야 합니다.

다시 말해 하나님을 무한히 경외하며 그분의 구원사역을 진지하고 엄숙하게 대해야 합니다.

성경적인 기독교에는 무관심이나 훈련 결핍, "다 내려놓고 하나님께서 하시게 하라."와 같은 태도가 자리할 수 없습니다.

메디아 그라치아이(은혜의 수단)를 더 풍성히 이해하려면 '일반적'이라는 의미의 라틴어 형용사 '오르디나리우스'(ordinarius)를 덧붙이는 것이 도움이 됩니다.

은혜의 수단은 일반적인 은혜의 수단, 다시 말해 하나님께서 그리스도인들이 그리스도를 닮아 가며 성장하도록 제정하신 일반적인 방법들을 가리킵니다.

오늘날 우리는 대부분의 교인들이 무언가 비범한 일이 일어나기를 기다리는 때를 살아가고 있습니다.

어느 순간에 성령님께서 우리의 온갖 영적 병폐들을 고쳐 주시기를 기대합니다.

물론 그와 같이 비범한 부흥은 바랄 만한 것이고 가능하기도 합니다.

하지만 하나님께서 일반적인 교회의 성장을 위해 주신 일반적인 수단은 아닙니다.

비범한 것을 향한 우리의 갈망이 결코 하나님께서 우리에게 성장하라고 주신 일반적인 수단을 무시하게 해서는 안 됩니다.

대체로 하나님께서는 그분의 경륜 안에서 그분의 백성들에게 이미 주신 일반적인 수단들을 그들이 다 소진하기 전까지는 비범한 일들을 잘 일으키시지 않는다는 사실을 알아야 합니다.

게다가 오늘날의 교회와 그리스도인들 개인이 일반적인 은혜의 수단을 소진했을 가능성은 거의 없습니다.

그렇게 하려면 우리는 성경에 기록된 것을 모두 배우고, 기도로 하나님의 모든 약속을 구하고 얻으며, 성부, 성자, 성령님과의 친밀함이 더 이상 자랄 여지가 없을 만큼 자랐어야 합니다.

뿐만 아니라 지역 교회 안에서 교제를 통해 얻을 수 있는 모든 유익을 얻어야 했을 것입니다.

이처럼 일반적이고 필수적인 은혜의 수단들에 우리가 무관심했거나, 무신경했거나, 심지어 나태했던 것 아닐까요?

우리는 "작은 일의 날"을 무시하지 않도록 조심해야 합니다(슥 4:10 참조).

예수님께서는 이렇게 가르치셨습니다.

> 또 이르시되 너희가 무엇을 듣는가 스스로 삼가라. 너희의 헤아리는 그 헤아림으로 너희가 헤아림을 받을 것이며 더 받으리니(막 4:24).

지극히 작은 것에 충성된 자는 큰 것에도 충성되고 지극히 작은 것에 불의한 자는 큰 것에도 불의하니라(눅 16:10).

그러므로 일반적인 은혜의 수단을 무시하는 신자는 비범한 일을 볼 수 없을 것입니다!

오늘날 **은혜의 수단**이라는 표현은 대부분의 복음주의자들조차 잘 모르는 표현이 되었습니다.

이는 우리가 성경적인 기독교에 대한 많은 역사적 진실에 무지해서 그런 것입니다.

그것은 한때 그리스도의 교회를 강하게 하고 성결하게 했던 것들입니다.

은혜의 수단이라는 표현을 모든 그리스도인의 말 속에서 찾아볼 수 있을 때가 있었습니다.

웨스트민스터 소요리문답 88번 질문이 이를 증거합니다.

이 요리문답은 어린아이들과 갓 회심한 사람들에게 기독교의 기초를 가르치기 위해 사용되던 것입니다.

문: 그리스도께서 우리에게 지속적으로 구속의 유익들을 전달해 주시는 수단은 무엇입니까?

답: 그리스도께서 우리에게 구속의 유익들을 전달해 주시는 외적이고 일반적인 수단에는 말씀, 성례, 그리고 기도가 있습니다.[1] 이 모두는 택함을 받은 자들의 구원에 효력이 있는 것입니다.[2]

은혜의 수단을 강조하고, 심지어 그것을 가장 중요한 우선순위로 여긴 것은 단지 장로교도들이나 엄격한 개혁교회들만이 아닙니다.

초기의 침례교회와 다른 복음주의자들에 의해서도 은혜의 수단들이 가르쳐졌습니다.

침례교 요리문답 95문은 잘 알려진 것처럼 개혁파 침례교도인 벤자민 키치(Benjamin Keach, 1640-1704)에 의해 작성되었습니다.

여기서 그는 웨스트민스터 소요리문답이 정의하는 은혜

---

1 그러므로 너희는 가서 모든 민족을 제자로 삼아 아버지와 아들과 성령의 이름으로 세례를 베풀고 내가 너희에게 분부한 모든 것을 가르쳐 지키게 하라. 볼지어다, 내가 세상 끝날까지 너희와 항상 함께 있으리라 하시니라(마 28:19-20).

2 그 말을 받은 사람들은 세례를 받으매 이날에 신도의 수가 삼천이나 더하더라. 그들이 사도의 가르침을 받아 서로 교제하고 떡을 떼며 오로지 기도하기를 힘쓰니라. … 날마다 마음을 같이하여 성전에 모이기를 힘쓰고 집에서 떡을 떼며 기쁨과 순전한 마음으로 음식을 먹고 하나님을 찬미하며 또 온 백성에게 칭송을 받으니 주께서 구원받는 사람을 날마다 더하게 하시니라(행 2:41-42, 46-47).

의 수단을 그대로 따르고 있습니다.

오늘날 우리는 너무도 많은 신실한 성도들이 인터넷 설교와 블로그, 트위터 등에 의존하는 시대를 살고 있습니다. 물론 그중에는 도움이 되는 것들이 있습니다.

하지만 그 어떤 것도 주님께서 친히 그분의 백성들의 성장을 위해 주신, 단순하지만 효력 있는 수단을 대체할 수 없습니다.

우리는 우리의 발을 돌이켜 오래된 성경의 길을 따라가야 합니다.[3]

우리 앞에서 그 길을 걸었던 신실한 믿음의 선배들을 따라야 합니다.

지금부터 우리는 하나님께서 은혜로 그리스도인 개인과 교회에 주신 은혜의 수단들을 살펴볼 것입니다.

이를 통해 하나님은 우리 안에 그리스도의 형상을 닮아가는 데 가장 큰 열망을 불어넣는 거룩함을 증진하기 원하십니다.

---

3 여호와께서 이와 같이 말씀하시되 너희는 길에 서서 보며 옛적 길 곧 선한 길이 어디인지 알아보고 그리로 가라. 너희 심령이 평강을 얻으리라 하나 그들의 대답이 우리는 그리로 가지 않겠노라 하였으며(렘 6:16).

이는 성경과 기도, 그리고 지역 교회의 사역과 직분들입니다.

묵상과 질문

1. 라틴어 '메디아 그라치아이'(media gratiae)는 무슨 의미입니까?

2. 이 장에 나열된 은혜의 수단에는 어떤 것들이 있습니까?

3. 은혜의 수단들이 **일반적인** 은혜의 수단이라고 불리는 이유는 무엇입니까?

4. 일반적인 것들을 무시하고 비범한 것만을 기다리는 것에는 어떤 위험이 있습니까?

5. 웨스트민스터 소요리문답 88문의 의미와 함의하는 바를 설명해 보십시오.

02.
말씀

은혜의 수단에 대한 간략한 소개를 했으니 이제 가장 먼저 고려할 것을 생각해 보겠습니다.

그것은 바로 성경공부와 강해입니다.

삼위일체 하나님을 제외하고 주님께서 교회에 주신 가장 위대하고 필수불가결한 선물은 다름 아닌 성경입니다. 성경 외에 하나님의 존재, 작정, 사역, 뜻, 그리고 약속에 관해 무오한 진리를 전달해 주는 다른 자료는 존재하지 않습니다.

사도 바울은 젊은 동역자 디모데에게 보낸 편지에서 이 진리를 힘주어 설파했습니다.

모든 성경은 하나님의 감동으로 된 것으로 교훈과 책망과 바르게 함과 의로 교육하기에 유익하니 이는 하나님의 사람으로 온전하게 하며 모든 선한 일을 행할 능력을 갖추게 하려 함이라(딤후 3:16-17).

말씀이 사람의 확증을 필요로 하는 것은 아니지만 우리 자신을 위해서 성경의 영감과 무오성, 그리고 성경의 절대적인 중요성이 오랫동안 참된 교회가 붙들어 온 확신이라는 사실을 확인하는 것은 필요합니다.

웨스트민스터 신앙고백과 1689년 런던침례교 신앙고백서는 다음과 같이 고백합니다.

성경은 충분하고 확실하며 무오한, 모든 구원을 얻게 하는 지식과 믿음과 순종의 유일한 기준이다. … 진리를 더 잘 보전하고 전파하기 위하여, 그리고 육신의 부패함과 사탄과 세상의 악함에 맞서 교회를 더 큰 확신 위에서 안위하기 위하여, 주님은 온전히 이 계시를 글로 담으셨다. 따라서 성경은 절대적으로 필수적이다. 하나님께서 그분의 뜻을 자기 백성들에게 직접 전달하시던 이전의 방식이 중단되었기 때문이다.[4]

---

[4] *The 1689 Baptist Confession in Modern English* (Cape Coral, Fla.: Founders Press, 2017), 1.1. Westminster Confession of Faith 1.1과 비교하라.

우리가 만약 조금이라도 성경의 영감과 무오성과 충분성을 확신하는 데 주저한다면 그리스도인으로서 누리는 삶의 확고한 기초는 언제나 우리 손에 닿을 수 없는 곳에 있게 될 것입니다. 그리고 우리는 "온갖 교훈의 풍조에 밀려 요동"하게 될 것입니다(엡 4:14).

우리가 평상시에 하는 생각과 오류투성이인 사고, 감정과 충동의 노예가 되어 버릴 것입니다.

우리의 소망은 기복이 심할 것이고, 감정도 예측할 수 없게 될 것이고, 행위 또한 변덕스러울 것입니다.

성경공부

예수님은 광야에서 시험을 당하실 때 다음과 같이 말씀하심으로써 신자의 삶에서 성경이 절대적인 중심을 차지한다는 사실을 확증하셨습니다.

> 기록되었으되 사람이 떡으로만 살 것이 아니요 하나님의 입으로부터 나오는 모든 말씀으로 살 것이라 하였느니라 하시니(마 4:4).

여기서 우리는 매일의 양분을 위하여 육신의 양식을 섭취하는 것처럼 철저한 성실함으로 영적 영양분을 얻기 위해 말씀을 섭취해야 한다는 사실을 보게 됩니다.

성경은 영감을 받은 책이지만 마법서는 아닙니다. 그 안에 담긴 글과 진리가 책장을 떠나 책 주인의 마음과 생각에 자동으로 날아 들어오지 않습니다.

성경의 유익을 얻기 위해서는 반드시 성경을 배워야 합니다. 성실히 그렇게 해야 합니다.

사도 바울은 디모데에게 다음과 같이 편지했습니다.

> 너는 진리의 말씀을 옳게 분별하며 부끄러울 것이 없는 일꾼으로 인정된 자로 자신을 하나님 앞에 드리기를 힘쓰라(딤후 2:15).

또한 다음과 같이 말합니다.

> 내가 이를 때까지 읽는 것과 권하는 것과 가르치는 것에 전념하라. … 이 모든 일에 전심전력하여 너의 성숙함을 모든 사람에게 나타나게 하라(딤전 4:13-15).

물론 이 구절들은 바울이 사역을 위해 부르심을 받은 사람에게 권면하는 내용이지만 그의 권면은 모든 신자에게 더 넓게, 더 일반적으로 적용됩니다.

성경적이고, 개혁적이고, 복음적인 믿음은 모든 신자에게 (성숙한 성도부터 최근에 회심한 새신자에 이르기까지) 성경을 공부하고, 이해하고, 적용하라고 요청합니다.

예수님께서 다음과 같이 하신 말씀은 모든 사람을 염두에 두신 것이었습니다.

> 사람이 떡으로만 살 것이 아니요 하나님의 입으로 나오는 모든 말씀으로 살 것이라(마 4:4).

그러니 믿음의 가정들은 얼마나 더 그래야 하겠습니까!

만약 당신이 개인적으로 성실하고 일관성 있게 성경공부를 해야 한다는 사실에 확신이 없고 그 일에 헌신할 수도 없다면 이 책의 나머지 부분은 당신에게 별 도움이 되지 못할 것입니다. 그리스도인의 성숙을 향한 우리의 여정은 하나님의 존재와 작정, 사역, 뜻, 그리고 그분의 약속을 아는 지식 위에 세워집니다.

이러한 지식은 성경을 개인적으로 성실하게 공부하고, 성경 강해를 지속적으로 접하며, 성경적인 교회 안에서 힘써 교제하는 것과 결코 분리될 수 없습니다.

만약 이 기초를 무시한다면 우리는 하나님을 아는 지식 안에서 성장한다거나 그분의 뜻에 합하는 성장을 이루리라는 소망을 가지기 힘들 것입니다.

기독교 신앙에 처음 입문했든 성도가 된 지 여러 해가 지났든, 하나님을 아는 지식 안에서 자라가는 최고의 방법은 평생, 날마다 창세기부터 요한계시록까지 계속해서 읽는 것밖에 없습니다.

부름 받은 사역자로서 저는 하루에 몇 시간씩 성경을 공부합니다. 그럼에도 저는 성경을 매일 읽는 것을 대체할 수 있는 그 어떤 것도 발견하지 못했습니다.

당신에게 그동안 제가 가장 큰 유익을 누린 성경공부 방식을 추천하겠습니다.

매일 시간을 정해서 꾸준히 성경을 읽으십시오.

성급하거나 조급한 마음으로 읽지 말고 천천히 정독하십시오.

어떤 부분은 다른 부분보다 더 빨리 읽어도 됩니다. 어떤 날은 세 장에서 다섯 장을 읽을 수 있을 것입니다. 어떤 날은 한 장밖에 못 읽을 수도 있습니다.

목표는 성경과 하나님을 아는 지식이 자라가는 것, 그리고 그 지식으로 변화해 가는 것을 즐거워하는 것입니다.

건강한 신학이 담긴 스터디바이블도 활용하시길 추천합니다. 잘 모르는 역사적, 복음적 기독교에 대한 공백을 메워 주고 어려운 용어와 내용을 살펴보는 데에도 도움을 줄 것입니다.

성경을 읽어 가면서 당신은 위대한 신학적 진리의 핵심이 되고 기초가 되는 본문들을 발견하게 될 것이고, 당신의 현재 상황과 필요에 특별한 의미를 가지는 구절들도 발견하게 될 것입니다.

그러한 구절들은 암기해야 합니다.

성경을 암송하는 많은 방법이 있지만 그 모든 방법에는 공통점이 있습니다. 바로 노력과 끈기입니다!

우리는 다른 그리스도인들이 어떤 영역에서 탁월한 이유가 그들의 은사와 재능과 성격 때문이라고 생각합니다. 다시 말해 그들이 탁월한 이유는 그들에게는 그 일이 쉽기 때문이라고 생각합니다.

하지만 대부분의 경우는 그렇지 않습니다.

물론 어떤 사람들은 성경 암송에 더 뛰어난 능력을 보이기도 하지만 그들이 탁월한 이유는 성경을 마음에 담는 것의 엄청난 유익을 깨달았기 때문이고, 그에 대한 노력을 기꺼이 감수했기 때문입니다.

시편 기자는 이렇게 기록했습니다.

> 내가 주께 범죄하지 아니하려 하여 주의 말씀을 내 마음에 두었나이다(시 119:11).

이를 반대로 이야기하면 다음과 같을 것입니다.

"주님의 말씀을 내 마음에 두지 **않으면** 저는 주께 **범죄할 것입니다**."

이러한 저의 권면이 너무 평범하다고 생각하는 사람이 있을 것입니다.

하지만 성경을 처음부터 끝까지, 그리고 계속해서 읽는 것은 교회사의 위대한 성도들 대다수가 애용한 방식이었습니다. 오늘날에도 그렇고 말입니다.

만약 당신이 성경 읽기를 어떻게 시작해야 할지 모르겠다면 로버트 머레이 맥셰인(Robert Murray M'Cheyne)의 성경읽기표를 찾아보시기 바랍니다.[5] 그것은 수십 년간 성경 읽기에 시간과 노력을 기울인 수많은 성도들에게 큰 도움을 준 성경읽기표입니다.

성경 강해

개인적으로 성경을 읽고 공부하는 것과 지역 교회 안에서 우리를 목양하는 신실한 장로들에 의해 가르쳐지고 설교되는 말씀을 듣는 것은 함께 가야 합니다.

성경을 공부하는 데 헌신되어 있고, 성경대로 살아가며 성경말씀을 선포하는 경건한 목회자에게 배우는 것은 하나님의 백성에게 주어진 커다란 은혜의 수단입니다.

에스라의 삶과 사역이 이러한 사역자의 본을 잘 보여 줍니다.

에스라가 여호와의 율법을 연구하여 준행하며 율례와 규례를

---

5 로버트 머레이 맥셰인(1813-1843)은 스코틀랜드 던디 지역의 성 베드로 교회 목회자였으며 성경읽기표를 고안하여 성도들이 일 년 동안 구약 한 번, 신약과 시편은 두 번 읽을 수 있게 했다. 서점이나 온라인에서 쉽게 구할 수 있다.

이스라엘에게 가르치기로 결심하였었더라(스 7:10).

말라기에 묘사되는 이상적인 레위인 제사장에게서는 한 걸음 더 나아간 본을 볼 수 있습니다.

> 그의 입에는 진리의 법이 있었고 그의 입술에는 불의함이 없었으며 그가 화평함과 정직함으로 나와 동행하며 많은 사람을 돌이켜 죄악에서 떠나게 하였느니라. 제사장의 입술은 지식을 지켜야 하겠고 사람들은 그의 입에서 율법을 구하게 되어야 할 것이니 제사장은 만군의 여호와의 사자가 됨이거늘 (말 2:6-7).

개인적인 성경공부를 대체할 수 있는 것이 없는 것처럼 경건한 목회자가 개인적으로 알고 사랑하며 희생적으로 섬기고 있는 무리를 대상으로 하는 성경 강해를 대체할 수 있는 사역도 없습니다.

최근 인터넷의 발달로 신자들이 전 세계의 유명한 설교자에게 접속하는 것이 가능해졌습니다.

하지만 이를 축복으로만 볼 수는 없습니다.

사랑하는 목회자들이여, 당신들이 그러한 사람이 되지 않기를 바랍니다. 구약의 에스라처럼 결심하여 "여호와의 율법을 연구하여 준행하며 율례와 규례를 이스라엘에게 가르치"도록 합시다(스 7:10). 온갖 것이 우리의 주의를 흐트러뜨리더라도 사도들처럼 "오로지 기도하는 일과 말씀 사역에 힘"씁시다(행 6:4).

예배 중 성경 사용

성경은 단지 개인적으로 공부하고, 설교를 통해 해석을 듣는 것으로 충분한 것이 아닙니다. 공예배 안에서, 그리고 공예배를 통해 교류되어야 합니다.

이는 세 가지 주요한 방식으로 이루어집니다. 즉 공적으로 성경을 읽고, 공적으로 성경을 강해하고, 공적으로 성경을 노래함으로써 말입니다.

오늘날에는 공적으로 긴 성경본문을 읽는 경우를 찾아보기 힘듭니다.

뿐만 아니라 초기의 종교개혁자들과 복음주의 교회의 회중 예배에서는 이러한 성경 읽기가 핵심적인 순서였다는 사실을 알면 많은 사람이 놀랄 것입니다.

이것은 단지 영적 선조들의 개인적 취향에 의한 것이 아니었습니다.

디모데전서 3장 15절에서 사도 바울은 "하나님의 집에서 어떻게 행하여야 할지를 알게 하려"고 긴 가르침을 주었습니다.

바울은 회중 예배의 핵심 순서로 성경 읽기를 명합니다.

> 내가 이를 때까지 읽는 것과 권하는 것과 가르치는 것에 전념하라(딤전 4:13).

만약 예배가 '지루해진다'거나 '현대인은 주의를 기울여 듣는 능력이 좋지 않다'는 이유로 이 명령을 등한시한다면 우리는 모래 위에 집을 짓는 사람들이 될 것입니다.

우리는 세상의 문화가 요구하는 낮은 수준에 맞추거나 동의하면 안 됩니다.

로마 가톨릭의 수많은 오류와 이단적 가르침 중 하나는 그들이 기독교를 더 매력적으로 보이고 받아들일 만한 것이 되게 하기 위해 세상 문화에 순응하려 한다는 것입니다.

이와 대조적으로 종교개혁자들은 줄곧 성경에 신실하였

으며 자신들의 주변 문화를 성경의 높은 기준에 맞추려 노력했습니다.

로마 가톨릭이 기독교를 낮추고 오염시켰다면 종교개혁자들의 신앙은 문화를 새로운 영적, 학문적, 경제적, 그리고 사회적 높이로 끌어올렸습니다.

우리는 더 이상 인터넷 시대를 살아가는 사람들이 20분 넘는 설교나 성경 읽기를 견디지 못한다는 생각을 수용하지 말아야 합니다.

오히려 사랑과 인내로 성경을 읽어야 합니다.

사람들이 변화할 때까지 말입니다.

성경 읽기와 성경공부에 헌신한 경건한 장로들, 교사들, 그리고 전도자들의 신실한 성경 강해는 함께 갑니다.

성경을 전하는 이가 하나님의 속성과 사역을 선포하고, 강해하며, 찬양한다는 의미에서 이 역시 예배의 한 형태입니다.

또한 이는 믿는 회중들의 마음에 하나님을 향한 더 큰 경외와 존경과 사랑을 불러일으킵니다.

위대한 제네바의 종교개혁자 존 칼빈(John Calvin)은 이렇게 썼습니다.

선한 교사들이 늘 기억해야 하는 목표는 사람들의 눈을 이 땅에서 돌이켜 하늘을 바라보게 하는 것입니다.[7]

참된 성경적 설교는 '이 세상에서 최고'가 되는 인생의 원리를 전달하는 것이 아닙니다.

하나님을 아는 지식을 전달하여 그것이 믿음과 예배와 진심 어린 순종으로 나타나게 하는 것입니다.

성경을 공적으로 읽는 것이 사라진 것처럼 이러한 설교의 역사적 관점도 이제는 찾아보기 힘들어졌습니다.

하지만 그것은 여전히 중요한 은혜의 수단으로 남아 있습니다. 따라서 그리스도인이라면 이를 최우선순위로 삼아야 합니다.

치러야 할 대가가 무엇이든, 감내해야 할 어려움이 무엇이든, 성경공부에 헌신하고 설교와 가르침을 인생의 유일한 사역으로 생각하며 설교를 통해 성도들이 영과 진리로 하나님을 예배할 수 있도록 지식과 동기를 제공해 주는 장로들과 교사들과 교회에서 교제하기를 힘써야 합니다.

---

7 *Calvin's Commentaries*, on Titus 1:2, 21:283.

아버지께서는 자기에게 이렇게 예배하는 자들을 찾으시느니라(요 4:23).

끝으로 성경 읽기, 그리고 성경 강해와 함께 가야 하는 것은 성경을 노래하는 것입니다.

회중이 함께 부르는 노래는 예배의 한 행위입니다.

이 찬양은 하나님께만 드려져야 하고, 그 결과 회중이 자랄 수 있어야 합니다.

이런 노래는 하나님께서 기뻐하시는 것입니다.

또한 성도들을 세우는 것으로서 반드시 성경적이어야 하고 가르침을 담고 있어야 합니다.[8]

어떤 개혁파 교회에서는 하나님께서 직접 성경에 수록하신 노래 안내서인 시편만 부르는 것이 가장 안전하고 좋다고 가르치기도 합니다.

또 다른 개혁파 교회들은 놀라운 교리적 진리와 성경에서

---

8 여기서 '가르침'이라는 표현은 헬라어 '디다스케인'(*didaskein*)에서 따온 것이다. 예배에 사용하는 찬양이 가르침을 담을 때 이는 사람들에게 교훈을 준다. 또한 이 노래들은 성경의 진리를 전달한다. 노래가 반드시 가르침을 담고 있어야 하는 이유는 바울이 골로새 성도들에게 한 말에 근거한다. "그리스도의 말씀이 너희 속에 풍성히 거하여 모든 지혜로 피차 가르치며 권면하고 시와 찬송과 신령한 노래를 부르며 감사하는 마음으로 하나님을 찬양하고"(골 3:16).

찾아볼 수 있는 권면, 격려와 경고들을 전달하는 찬송가로 노래하는 것을 선호합니다.

이 문제에 관해 양측 모두 완고한 관점을 가지고 있지만, 공예배 때 노래를 부르는 것은 합당하며 그것이 하나님의 백성을 위한 중요한 은혜의 수단이라는 데는 양측 모두 동의합니다.

많은 신학자와 교회사 학자들은 종교개혁의 위대한 진리가 종교개혁자들의 설교를 통해 일반 성도들에게 전달된 것과 더불어 교회가 쓰고 함께 부른 성경적인 찬송가들을 통해서도 전달되었다고 말합니다.

그러므로 성경에 담긴 찬송가, 혹은 노래집인 시편이 기독교에 관한 주요 교리들, 특히 신론에 관한 내용을 연구하는 일차 자료로 여겨지는 것은 우연이 아닙니다.

사도 바울은 골로새 교회 성도들에게 보낸 편지에서 예배와 말씀의 관계를 다음과 같이 이야기합니다.

> 그리스도의 말씀이 너희 속에 풍성히 거하여 모든 지혜로 피차 가르치며 권면하고 시와 찬송과 신령한 노래를 부르며 감사하는 마음으로 하나님을 찬양하고(골 3:16).

성경적인 감정은 하나님께서 주신 즐거운 선물이며, 성경적인 예배는 하나님의 뜻에 합한 방향으로 우리 감정을 움직이는 힘을 가지고 있습니다.

그러나 찬송가의 멜로디, 리듬이나 가사, 혹은 합창에 우리 감정이 반응한다고 해서 모든 찬송이 항상 올바른 것은 아닙니다.

찬양은 반드시 성경으로 점검되어야 하며 성경의 진리를 전달할 수 있어야 합니다.

찬송가가 단지 이단적 혐의를 면하는 수준이어서는 안 됩니다. 진리를 가득 담고 있어야 합니다!

음악이 멈추고 리듬이 잦아든 후에도 남게 되는 것은 그 찬송가를 통해 전달된 성경의 진리여야 합니다.

성경의 위대한 주제

지금까지 우리는 성경을 통해 구원을 얻을 뿐 아니라[9] 거룩하게 된다는 것을 살펴보았습니다.

그러나 가장 중요한 진리를 앞세우는 것을 잊어버린다면,

---

[9] 또 어려서부터 성경을 알았나니 성경은 능히 너로 하여금 그리스도 예수 안에 있는 믿음으로 말미암아 구원에 이르는 지혜가 있게 하느니라(딤후 3:15).

성경의 중심 주제가 주 예수 그리스도의 존재와 구속 사역이라는 사실을 잊어버린다면 우리는 참으로 경솔한 사람이 됩니다.

그리스도는 성경의 주춧돌로서 우리가 성경을 읽고, 공부하고, 암송하고, 묵상하고, 설교하고, 노래하는 것의 시작이자 중심이자 목적이 되어야 합니다.

복음이 성경의 여러 주제 중 하나가 될 수는 있지만, 너무나 중요하고 탁월한 주제이기에 반드시 구별되어 다루어져야 합니다.

역사적으로 많은 설교자들이 성경의 먼지조차 금처럼 귀하게 여겨야 한다는 사실에 동의합니다.

성경에 기록된 작은 쌀 한 톨 같은 내용도 역사적인 모든 기록과 앞으로 기록될 모든 책을 합한 것보다 더 값집니다.

그러한 성경 안에서도 한 메시지, 한 진리가 그 모든 진리 가운데 우뚝 서 있습니다.

> 내가 받은 것을 먼저 너희에게 전하였노니 이는 성경대로 그리스도께서 우리 죄를 위하여 죽으시고 장사 지낸 바 되셨다가 성경대로 사흘 만에 다시 살아나사(고전 15:3-4).

이 짧은 고백에서 우리는 우리의 구원 이야기 전체와 하나님의 위대한 계시를 발견합니다.

복음은 단지 "모든 믿는 자에게 구원을 주시는 하나님의 능력"이기만 한 것이 아니라 우리가 신앙을 지키며 성장하는 데 가장 위대한 촉매제이며 자극제입니다(롬 1:16).

사도 바울은 이렇게 썼습니다.

> 그리스도의 사랑이 우리를 강권하시는도다. 우리가 생각하건대 한 사람이 모든 사람을 대신하여 죽었은즉 모든 사람이 죽은 것이라. 그가 모든 사람을 대신하여 죽으심은 살아 있는 자들로 하여금 다시는 그들 자신을 위하여 살지 않고 오직 그들을 대신하여 죽었다가 다시 살아나신 이를 위하여 살게 하려 함이라(고후 5:14-15).

예수 그리스도의 복음에서 우리는 믿음을 가져야 하는 온갖 이유와 성장하고 오래 참으며 섬기고 희생하는 것의 온갖 유익을 발견합니다.

그리스도를 잠시 보는 것만으로도 일만 가지의 영적 전쟁과 육신의 싸움과 내적 시험과 박해와 육신적 쇠약함 속에서 우리의 마음을 소생시키기에 충분합니다.

아주 멀리 떨어진 그리스도의 모습을 본 것만으로 모세는 이집트와 죄의 쾌락을 등지고, 당시 지구상 가장 강력했던 통치자에 맞섰습니다.[10]

그리스도를 잠깐 본 것만으로 바울은 자기 자신을 지치지 않는 섬김과 순교에 드렸습니다.

존 번연(John Bunyan)은 그리스도를 잠깐 본 것만으로 힘을 얻어 복음 선포로 부름 받은 것을 거절하지 않았고, 그로 인해 수년 동안을 감옥에서 보냈습니다.

윌리엄 캐리(William Carey)가 인도로 가게 된 것도, 허드슨 테일러(Hudson Taylor)가 중국으로, 조지 뮬러(George Müller)가 브리스톨의 고아들에게 가게 된 것도 그리스도를 잠깐 본 것 때문이었습니다.

히브리서 기자의 말을 빌리면 "무슨 말을 더 하겠습니까?" 그리스도께서 죄인을 위하여 죽으셨다는 단 하나의 사

---

10 믿음으로 모세는 장성하여 바로의 공주의 아들이라 칭함 받기를 거절하고 도리어 하나님의 백성과 함께 고난 받기를 잠시 죄악의 낙을 누리는 것보다 더 좋아하고 그리스도를 위하여 받는 수모를 애굽의 모든 보화보다 더 큰 재물로 여겼으니 이는 상 주심을 바라봄이라. 믿음으로 애굽을 떠나 왕의 노함을 무서워하지 아니하고 곧 보이지 아니하는 자를 보는 것같이 하여 참았으며(히 11:24-27).

실만으로 놀라운 일들을 해내고 견뎌낸, 역사 속에 존재했던 수많은 성도들을 열거하기에도 "저에게 시간이 부족할 것입니다!"

만약 당신이 비슷한 공적과 인내로 이 존경받는 무리에 참여하고 싶다면 무엇보다 먼저 성경에 기록된 그리스도를 구하며 기도해야 합니다.

지혜자가 지혜에 관해 했던 말들은 궁극적으로 그리스도에게서 성취됩니다.

그분은 보석보다 보배로우십니다.

당신이 원하는 그 어떤 것도 그리스도 예수와 비교할 수 없습니다![11]

---

11 지혜는 진주보다 귀하니 네가 사모하는 모든 것으로도 이에 비교할 수 없도다(잠 3:15).

묵상과 질문

1. 하나님께서 신자에게 주신 은혜의 수단 중 가장 우선되는 것은 무엇입니까? 왜 그것이 가장 우선되고 가장 기초적인 것으로 여겨져야 한다고 생각합니까?

2. 성경은 성경의 절대적 필요성에 대해 어떻게 이야기합니까? 어떤 진리를 전달해 줍니까?

3. 당신은 "우리가 만약 조금이라도 성경의 영감과 무오성과 충분성을 확신하는 데 주저한다면 그리스도인으로서 누리는 삶의 확고한 기초는 언제나 우리 손에 닿을 수 없는 곳에 있게 될 것입니다."라는 진술에 동의하십니까? 왜 그렇습니까?

4. "성경은 영감을 받은 책이지만 마법서는 아닙니다. 그 안에 담긴 글과 진리가 책장을 떠나 책 주인의 마음과 생각에 자동으로 날아 들어오지 않습니다. 성경의 유익을 얻기 위해서는 반드시 성경을 배워야 합니다. 성실히 그렇게 해야 합니다."라는 말이 의미하는 바는 무엇입니까? 이 진술에 동의하십니까?

5. 우리는 어떻게 성경을 공부해야 할까요? 이 장에서 추천하는 공부 방법에는 어떤 것들이 있으며 왜 추천되었습니까?

6. 지역 교회와 연합하여 능력을 갖춘 장로들의 강해 설교를 듣는 것이 왜 중요합니까?

7. 우리의 공적 예배에서, 그리고 공적 예배를 통해 성경이 전달되는 세 가지 방식은 무엇입니까? 그 세 가지는 각각 무엇을 의미합니까?

8. 예수 그리스도의 복음이 우리의 성경공부와 설교와 예배의 초점이 되어야 하는 이유는 무엇입니까? 그리스도와 그리스도의 복음이 그리스도인의 삶에서 가장 위대한 유익인 이유가 무엇인지 설명하십시오.

03.
기도

그리스도인의 신앙생활 중 가장 경시되는 것을 꼽으라면 아마도 '날마다 성경 읽기'와 '기도하기'가 될 것입니다.

단정적으로 이야기하자면 이러한 경향은 신자 개인과 교회 전체를 괴롭히는 영적 만성병의 근원이라고도 할 수 있습니다.

거의 모든 사람이 말씀과 기도가 필수적이라는 사실에 동의하면서도 자신이 이 두 가지를 소홀히 한다는 것에 수긍할 것입니다.

사역자와 일반 성도 모두 이렇게 말하는 것을 쉽게 볼 수 있습니다.

"하나님의 말씀과 기도에 **지나치게** 많은 시간을 들였다고 슬퍼하며 죽어 가는 성도를 본 적이 없다."

이러한 경향은 우리에게 매우 중요하면서도 고통스러운 질문을 던집니다.

"우리는 어째서 그토록 기도를 어려워하는 것일까?"

가장 확실한 이유는 우리의 육신과 스스로 충분하다고 여기는 고집스러움입니다.

우리의 육신은 개인적인 기도를 싫어합니다. 이는 자기 충족에 위배되기 때문입니다.

기도로 자신의 영광을 양보하고 싶지도 않고, 자신이 받고 싶은 흠모와 박수를 하나님께 돌리는 것도 싫어하는 것입니다.

어떤 의미에서 우리의 육신은 기독교 신앙에서 참으로 중요한 것을 알려 주는 역할을 할 수 있습니다. 우리 육신이 가장 싫어하는 것이 신앙에서 가장 필수적인 것일 테니 말입니다.

성경 읽기와 개인 기도보다 우리의 육신이 싫어하는 것이 또 있겠습니까?

우리가 기도를 어려워하는 또 하나의 이유는 믿음이 부족하기 때문입니다.

기도는 "우리가 구하거나 생각하는 모든 것에 더 넘치도록 능히" 행하시는 하나님의 일에 동참하며 목도할 수 있는 기회입니다(엡 3:20).

누가복음 18장 1-8절에서 예수님은 하나님께서 우리의 끈질긴 기도에 기쁘게 응답하신다는 매우 중요한 가르침을 주십니다. 그리고 하나님의 백성들에게 믿음이 없다는 것과 그들이 힘써 기도하지 않는다는 슬픈 설명으로 그 가르침을 마무리하십니다.

그러나 인자가 올 때에 세상에서 믿음을 보겠느냐?(눅 18:8)

사랑하는 형제자매들이여, 이것이 우리 세대에 대한 묘사가 되지 않게 합시다.

구하지 않았기에 갖지 못한 사람들이 되지 맙시다(약 4:2).

육신의 무장과 연약함을 던져 버리고 기도에 온전하게, 꾸준하게 하나님께 우리 자신을 드립시다.

하나님께서 이렇게 약속하시지 않았습니까?

여호와의 눈은 온 땅을 두루 감찰하사 전심으로 자기에게 향하는 자들을 위하여 능력을 베푸시나니(대하 16:9).

그리고 다음과 같은 말씀도 주셨습니다.

예루살렘이여 내가 너의 성벽 위에 파수꾼을 세우고 그들로 하여금 주야로 계속 잠잠하지 않게 하였느니라. 너희 여호와로 기억하시게 하는 자들아 너희는 쉬지 말며 또 여호와께서 예루살렘을 세워 세상에서 찬송을 받게 하시기까지 그로 쉬지 못하시게 하라(사 62:6-7).

우리가 우리의 육신을 덜 신뢰할수록 기도로 우리 자신을 더욱 하나님께 던지게 될 것입니다. 그럴 때 우리 안에서, 우리를 통하여 하나님의 놀라운 능력이 일하시는 것을 더 많이 보게 될 것입니다.

이와 같은 약속이 있는데 우리가 어떻게 절망할 수 있겠습니까? 어떻게 일어나서 전진하지 않을 수 있겠습니까?

그리스도의 본을 따름

우리가 스스로 충분하다고 여기는 것이 얼마나 말도 안 되는 것인지 폭로하는 방법은 완전한 하나님이시자 인간이신 예수 그리스도와 우리를 비교하는 것입니다.

조금 과장하자면 예수님은 기도의 사람이셨습니다.

그분은 사역하시는 3년 동안 가장 바쁘고 피곤하게 빠듯한 시간을 보내셨습니다.

그럼에도 불구하고 탁월한 기도를 드린 기도의 사람이었습니다.

많은 사람이 우리가 만약 마가복음을 제대로 읽는다면 몇 장 지나지 않아 금세 피로해질 것이라고 말합니다. 마가복음은 예수님께서 아버지의 뜻을 성취하기 위해 행하신 사역들을 빠른 스냅샷처럼 나열하고 있기 때문입니다.

마가복음 1장만 살펴보아도 우리는 그리스도의 행동을 묘사하는 데 "곧"이라는 단어가 여러 차례 사용된 것을 발견할 수 있습니다.

곧 물에서 올라오실새(10절).

성령이 곧 예수를 광야로 몰아내신지라(12절).

(야고보와 그 형제 요한을) 곧 부르시니(20절).

예수께서 곧 안식일에 회당에 들어가 가르치시매(21절).

회당에서 나와 곧 야고보와 요한과 함께 시몬과 안드레의 집에 들어가시니(29절).

사람들이 곧 그 여자(시몬의 장모)에 대하여 예수께 여짜온대 나아가서 그 손을 잡아 일으키시니 열병이 떠나고(막 1:30-31).

같은 날의 내용을 기록하며 마가는 이렇게 씁니다.

저물어 해 질 때에 모든 병자와 귀신 들린 자를 예수께 데려오니 온 동네가 그 문 앞에 모였더라. 예수께서 각종 병이 든 많은 사람을 고치시며 많은 귀신을 내쫓으시되 귀신이 자기를 알므로 그 말하는 것을 허락하지 아니하시니라(32-34절).

그리스도의 하루는 아버지의 뜻을 행하며 자기 백성들의 필요를 채우는 데 드려졌습니다.
그날 저녁에 제대로 주무시기나 했을지 모르겠습니다.
다만 한 가지는 압니다.

새벽 아직도 밝기 전에 예수께서 일어나 나가 한적한 곳으로 가사 거기서 기도하시더니(35절).

이 구절을 예수께서 잠을 경시하셨다거나 쉼의 필요를 간과하신 것이 아니라 기도를 절대적으로 중요하게 여기셨음을 보여 주는 본문으로 활용해야 합니다.

그리스도께서 기도에 드린 헌신은 누가복음과 그분의 삶에 나타난 많은 기도에 관한 내용에서 확인됩니다.

예수님은 세례 받을 때 기도하셨습니다(눅 3:21).

사람들이 자신을 찾자 "한적한 곳에" 가셔서 기도하셨습니다(4:42).

사역이 바쁘신 중에도 예수님은 종종 "한적한 곳에서 기도"하셨습니다(5:15-16).

제자를 선택하시기 전에도 "예수께서 기도하시러 산으로 가사 밤이 새도록 하나님께 기도"하셨습니다(6:12).

제자들에게 다가올 죽음에 대해 알리시기 전에도 예수님은 "따로 기도"하셨습니다(9:18-22).

예수님의 기도생활을 보여 주는 이 구절들은 "예수께서 한 곳에서 기도하시고 마치시매 제자 중 하나가 여짜오되 주여 요한이 자기 제자들에게 기도를 가르친 것과 같이 우리에게도 가르쳐 주옵소서"(11:1)라는 구절에서 절정에 달합니다.

상상해 보십시오!

제자들이 예수님께 어떻게 하면 물 위를 걸을 수 있는지, 어떻게 아픈 사람을 낫게 할 수 있는지, 어떻게 죽은 자를 일으킬 수 있는지, 설교를 어떻게 해야 하는지 물었다는 기록은 전혀 없습니다.

그들은 이 한 가지를 물었습니다.

"우리에게도 기도를 가르쳐 주세요!"

어쩌면 그리스도의 삶에서 가장 놀랍고 극적인 일은 그분의 기도생활이 아니었을까요?

예수님께서 나누신 하나님과의 교제는 제자들이 사람에게서 한 번도 본 적 없는 것이었습니다.

그러한 이유로 그들은 예수님께 어떻게 기도해야 하냐고 물었던 것입니다!

물론 우리는 우리의 성품과 사역의 모든 영역을 그리스도께 합치시켜야 합니다.

그러나 성품과 사역을 위해 수고한 후에 그리스도의 경건생활과 기도생활에도 우리 자신을 일치시켜야 한다는 것을 잊지 맙시다.

"그 안에는 신성의 모든 충만이 육체로 거하"셨음에도 (골 2:9) 여전히 참사람이셨으며, 참사람으로서 우리의 본이시

기 때문입니다.[12]

예수님은 자신이 가야 할 방향과 필요한 힘을 아버지께 기도로 구하셨고, 성령을 통하여 공급받으셨습니다.

그러니 우리는 얼마나 더 우리 자신을 기도에 드려야 할까요!

그리스도께 배움

'어떤 내용으로 어떻게 기도해야 하는가?'라는 질문에 대한 두 가지 극단이 존재합니다.

하나는 성경의 가르침을 무시하거나 알지 못한 채 자기가 옳다고 생각하는 대로 기도하거나 자기감정의 여러 충동을 따라 기도하는 것입니다.

이러한 경우 자신은 성령의 인도하심을 받는다고 주장할지라도 성경에 계시된 성령의 뜻과 배치되는 기도를 하는 죄를 자주 범합니다.

또 다른 극단은 하나님께서 하신 약속을 읊거나 성경에

---

12 디모데전서 2장 5절에서 사도 바울은 예수님을 "사람이신 그리스도 예수"라 부른다. 그리고 고린도전서 11장 1절에는 "내가 그리스도를 본받는 자가 된 것같이 너희는 나를 본받는 자가 되라"고 기록했다.

있는 기도를 그대로 읽으면서 완전히 성경적인 기도생활을 하고 있다고 자랑하는 것입니다. 이런 방식은 어느 정도 신앙생활에 유익을 주지만, 성경이 가르치고 성경에 기초한 즉흥 기도를 금하거나 하지 않는 것이 좋다고 말하는 것은 성경의 가르침을 넘어서는 것입니다.

만약 우리가 성경을 하나님께 읽어 드리는 수준의 기도 외에 모든 기도를 없애야 한다면 설교를 통한 성경 강해도 없애야 할 것입니다. 그렇게 되면 오직 공적 성경 낭독만 남게 될 것입니다.

이와 같은 두 극단과 달리 성경이 가르치는 방식과 교회사 속에서 경건한 성도들이 행해 온 방식은 성경을 공부함으로써 자신의 마음을 새롭게 하는 것이었습니다.

다시 말해 그리스도의 마음을 키우는 것입니다.

이러한 성경적 방식을 철저히 따르기 위해 우리는 성경에 나타난 하나님의 충만한 경륜을 배워야 하고, 그분의 존재와 사역에 관한 지식을 증진시켜야 하며, 그리스도 안에서 하나님 앞에 선 우리가 누구인지 더 잘 이해해야 하고, 성경에 계시된 대로 하나님의 약속과 뜻을 분별하는 데 성숙해져야 합니다.

더 나아가 우리는 기도의 교리를 배우며 성경에 기록된 기도에 관한 내용을 묵상하는 일에 우리 자신을 드려야 합니다.

즉 "이 모든 일에 전심전력하여" 우리의 "성숙함을 모든 사람에게 나타나게" 해야 합니다(딤전 4:15).

성경에는 우리가 배울 수 있는 기도의 모범이 넘치지만 그중 단연코 돋보이는 것이 있습니다.

누가복음 11장 1절에서 제자들은 예수님께 다음과 같이 요청합니다.

"우리에게도 기도를 가르쳐 주옵소서."

그에 대한 답으로 예수님은 그들에게 '주기도문'으로 알려진 기도를 가르쳐 주십니다.

모세가 불타는 떨기나무에 관해 말했듯이 우리도 "돌이켜 가서 이 큰 광경을 보"아야겠습니다(출 3:3).

복음주의자들은 로마 가톨릭이 주기도문을 오용한다는 이유로 이 성경적 기도의 모범을 사용하는 것을 꺼려 왔습니다.

그러나 누군가의 오용이 우리의 불(不)오용을 정당화할 수 없습니다.

누군가 예수님께 어떻게 기도해야 하는지 물었고, 예수님께서 주기도문을 가르치심으로 어떻게 기도해야 할지 알려 주셨다는 것은 얼마나 놀라운 사실인지 모릅니다.

그러므로 너희는 이렇게 기도하라. 하늘에 계신 우리 아버지여 이름이 거룩히 여김을 받으시오며 나라가 임하시오며 뜻이 하늘에서 이루어진 것같이 땅에서도 이루어지이다. 오늘 우리에게 일용할 양식을 주시옵고 우리가 우리에게 죄 지은 자를 사하여 준 것같이 우리 죄를 사하여 주시옵고 우리를 시험에 들게 하지 마시옵고 다만 악에서 구하시옵소서. (나라와 권세와 영광이 아버지께 영원히 있사옵나이다 아멘)(마 6:9-13).

이 기도가 우리에게 선사하는 첫 번째 보석은 바로 기도의 올바른 태도입니다.

즉 친숙함과 경외함의 균형입니다.

하나님은 우리와 화해하시고 우리를 사랑하시는 아버지입니다.

따라서 우리는 정죄를 받을지도 모른다는 두려움 없이 하나님과 대화할 수 있습니다.

그럼에도 우리는 우리 아버지께서 하늘의 왕이시고, 만주의 주이시고, 우리의 가장 큰 경외를 받기에 합당한 분이심을 기억해야 합니다.

많은 성경 교사들이 "아빠 아버지"라고 부르는 것의 중요성을 강조해 왔습니다.

바울은 다음과 같이 로마의 성도들을 격려합니다.

너희는 다시 무서워하는 종의 영을 받지 아니하고 양자의 영을 받았으므로 우리가 아빠 아버지라고 부르짖느니라(롬 8:15).

동일하게 갈라디아 교회에도 이렇게 썼습니다.

너희가 아들이므로 하나님이 그 아들의 영을 우리 마음 가운데 보내사 아빠 아버지라 부르게 하셨느니라(갈 4:6).

이 구절들은 우리가 하나님과 친밀한(부모와 자식) 관계라는 사실을 확인시킴으로써 기도에 큰 격려가 됩니다.

하지만 이 구절들에 기록된 "아빠"가 우리말 '아빠'와 동일한 아람어라는 근거는 없으며 이것은 도리어 해로운 가르침입니다.

1세기 중동 문화에서 "아빠"가 친밀함과 사랑을 전하는 말인 것은 분명하지만 부모와 자식 관계에 합당한 경외감은 전혀 감소시키지 않는다는 사실을 반드시 알아야 합니다.

우리말 '아빠'는 이런 의미에서 부적절한 비교이며 이스라엘의 거룩한 분, 곧 "나는 나를 가까이하는 자 중에서 내 거룩함을 나타내겠고 온 백성 앞에서 내 영광을 나타내리라"(레 10:3)고 하신 분을 부르는 말로는 합당하지 않습니다.

이 기도에서 우리가 발견하는 두 번째 보석은 여러 측면을 가지고 있는 다이아몬드와 같습니다.

여기에는 세 가지 개인적 간구가 있고, 그것이 서로 복잡하게 연결되어 있습니다.

이 간구들은 우리를 제어하는 열심이 되어야 하며 우리의 기도 전체를 드러내는 것이어야 합니다. 작게는 그리스도인 개인이, 크게는 교회 전체가, 그리고 인류 전체가 기도하는 내용이 되어야 합니다.

첫 번째로 간구할 것은 "이름이 거룩히 여김을 받으시오며"입니다.

하나님의 이름이 다른 모든 이름 위에 구분되고 구별되며, 동일하게 그분이 영광 받으시기를 기도하는 것입니다.

우리 자신과 교회를 위하여 우리가 하나님을 경외하며 하나님께 헌신하는 데 자라갈 수 있도록 하나님께 간구하는 것이지요.

그리고 하나님이 우리 마음에서 완전히 다른 존재로 자리 잡으시도록, 우리가 사랑하는 다른 모든 것 위에 계시도록, 우리의 충성을 놓고 다툴 필요가 없도록 기도하는 것입니다.

또한 하나님을 믿지 않는 세상을 위해서 우리는 복음이 전파되어 열방 가운데 영적 어둠이 걷히고 새로운 마음이 심겨져 하나님의 존재와 뜻을 모든 것보다 더 귀하게 여기게 되기를 기도하는 것입니다.

두 번째 간구는 "나라가 임하시오며"입니다.

이 구절을 통해 우리는 하나님께 간구하여 그분의 주권과 올바른 통치가 우리 안에서 개인적으로, 그리고 교회 안에서 공동체적으로 더욱 실현되기를 기도합니다.

우리 자신을 온전히(마음과 영혼과 생각과 힘을) 하나님께 드릴 수 있도록 간구하는 것입니다.

하나님께서 모든 순간, 모든 영역, 우리 삶의 구석구석까지 만왕의 왕으로 인정되시도록 기도하는 것이기도 합니다.

하나님을 믿지 않는 세상을 향해서는 세상이 하나님과의 전쟁을 그치고 모든 사람과 기관과 인간의 시도에 하나님의 합당한 통치가 미치도록 기도하는 것이며 사회, 정부, 문화, 예술, 과학 등 모든 영역이 하나님을 주님으로 인정하고 그분의 절대주권적 통치를 기뻐할 수 있기를 간구하는 것입니다.

세 번째 간구는 "뜻이 하늘에서 이루어진 것같이 땅에서도 이루어지이다"입니다.

이 기도는 하나님의 주님 되심에 우리 자신을 내적으로 드리는 것이 겉으로도 드러나기를 기도하는 것이며, 적극적으로 섬기고 순종할 수 있도록 기도하는 것입니다.

또한 언젠가 우리가 천국에서 하나님 앞에서 살 것처럼 이 땅에서도 그렇게 살도록 간구하는 것입니다.

하나님을 믿지 않는 세상을 위해서 이 기도를 하는 것은 복음이 전파되어 "각 나라와 족속과 백성과 방언"이 하나님과 화목해지고, 그들을 이끌어 만왕의 왕, 만주의 주께 기쁨으로 굴복하게 해 달라고 간구하는 것입니다(계 7:9).

이 세 가지 간구는 예수 그리스도의 마음과 열정을 나타냅니다. 따라서 이 기도는 우리 삶의 중심이 되어야 하며, 모든 기도의 심장에 자리해야 합니다.

하나님의 백성인 우리에게는 한 가지 위대한 염원이 있어야 합니다.

바로 하나님의 이름이 거룩히 여김을 받으시며, 그분의 나라가 임하시고, 그분의 뜻이 이루어지기를 바라는 것입니다. 우리 안에서, 우리 교회에서, 그리고 온 세상에 편만하도록 말입니다.

다른 소원이나 필요는 (그것이 아무리 정당해도) 이차적인 것에 불과합니다. 심지어 주기도문에 이어서 나오는 간구들조차 이 한 가지 소원의 맥락에서 이해되어야 합니다.

매일의 양식, 유혹을 이길 힘과 교회의 연합을 위한 우리의 간구는 하나님의 이름을 영화롭게 하고, 그분의 나라를 확장하고, 그분의 뜻 행하는 것을 더 큰 집중력과 효율로 할 수 있도록 구하는 것입니다. 하나님께서 이런 기도를 통해 참으로 영광을 받으실 것입니다!

성경에는 주기도문과 관련된 수많은 기도가 기록되어 있습니다.

이는 거룩함을 위해, 성경을 이해할 수 있는 조명하심을 위해, 그리고 그리스도인의 삶을 위한 인도하심과 힘을 위해 기도하는 것들입니다.

이 중 10분의 1만 간단히 다룬다 해도 몇 권의 책이 필요할 것입니다.

그 모든 말씀을 당신이 성경에서 발견해야 합니다.

가장 좋은 방법은 당신이 성실하게 성경을 공부하는 것입니다.

개인 기도와 공동체 기도

그리스도인의 성숙에 필수적인 기도로 개인 기도와 공동체 기도 두 가지가 있습니다.

여기에는 개인 예배, 감사, 교제, 그리고 성경적으로 표현된 모든 간구가 포함됩니다.

개인 기도는 우리가 성경을 공부하는 데 절대적으로 필수적인데 이는 지속적인 성령의 도우심을 구하기 위함입니다.

우리가 성경을 이해할 수 있도록 조명하시며[13] 말씀에 순

---

13 고후 2:12; 요일 2:20, 27; 엡 1:15-19.

종할 수 있도록 힘을 주시는[14] 분이 바로 성령 하나님이시기 때문입니다.

또한 개인 기도와 개인적인 교제는 우리를 단지 지적이고, 지성적이고, 학문적이기만 한 신앙에서 변화가 일어나고, 관계가 형성되고, 실질적으로 적용되는 신앙이 되게 합니다.

우리는 늘 참기독교가 단지 무오무류한 영감 받은 책을 통해 드러난 권위 있는 진리에 그치는 것이 아님을 기억해야 합니다.

이 진리는 개인적이고, 변화를 일으키며, 성경을 통해 계시하시는 하나님과의 관계에 반응하게 합니다.

개인 기도, 혹은 골방 기도 생활과 함께 우리는 반드시 교회의 공적이고 공동체적인 기도생활에 참여해야 합니다.

예루살렘의 실제 성전을 놓고 예수님은 이렇게 선포하셨습니다.

기록된바 내 집은 기도하는 집이 되리라 하였거늘.[15]

---

14 엡 3:14-16; 골 1:29.
15 눅 19:46; 사 56:7.

그리스도의 영적 성전인 교회에 이사야의 이 인용구가 얼마나 더 적용되어야 하는 것일까요![16]

사도행전을 통해 우리는 초대교회가 공동체 기도에 헌신했음을 알 수 있습니다.

> 그들이 사도의 가르침을 받아 서로 교제하고 떡을 떼며 오로지 기도하기를 힘쓰니라(행 2:42).

오늘날 많은 교회에서 공동체 기도가 공적 성경 읽기처럼 경시되고 있습니다.

설령 행해진다 해도 친목 모임보다 조금 나은 정도의 소식이나 잡담이 길게 나누어진 뒤 일반적인 기도를 몇 분 하고 모임을 마치는 수준입니다.

공동체 기도의 내용도 주님께서 가르치신 기도에 드러난 하나님 나라의 더 큰 필요는 완전히 무시된 채 교회의 세상적 필요에 초점이 맞춰지는 것 또한 보기 드문 현상이 아닙니다.

---

16 고전 3:16-17, 6:19; 고후 6:16; 엡 2:21.

지역 교회에서 공동체 기도, 혹은 공적 기도의 바른 자리를 회복하기 위해서는 반드시 장로들이 먼저 모범을 보여야 합니다.

그들이 먼저 시간을 떼어 기도해야 할 뿐 아니라 회중을 이끌어 기도의 중요성을 가르쳐야 합니다.

뿐만 아니라 성도들에게 어떻게 성경적으로 기도하며, 공동체 기도 모임에서 드러난 비성경적인 태도와 기도 방식을 어떻게 교정할 것인지 가르쳐야 합니다.

교회의 지도자들이 계속해서 회심하지 않은 교인들의 종잡을 수 없는 육신의 욕구를 채워 주며 그들의 미숙함을 내버려둔다면 공동체에서 기도의 바른 위치가 회복되는 일은 불가능해집니다.

하나님께서 "우리는 오로지 기도하는 일과 말씀 사역에 힘쓰리라"(행 6:4)고 엄중하게 선포하며 교회를 이끌어 가는, 1세기의 사도들 같은 장로들을 일으키시기를 바랍니다!

묵상과 질문

1. 성도들과 사역자들이 "하나님의 말씀과 기도에 **지나치게** 많은 시간을 들였다고 슬퍼하며 죽어 가는 성도를 본 적이 없다"고 말하는 것을 쉽게 들을 수 있다는 말에 대해 어떻게 생각하십니까? 이 말이 당신의 삶에 어떻게 적용될 수 있습니까?

2. 기도하기 어려운 두 가지 주된 이유는 무엇입니까?

3. 예수님은 자신이 기도의 사람임을 삶 속에서 어떻게 드러내셨습니까? 어떻게 하면 우리가 그분의 본을 따를 수 있습니까?

4. 성경적인 기도를 배울 때 우리가 피해야 하는 두 가지 극단은 무엇입니까? 교회사 속에서 성경적이고 경건한 성도들은 어떻게 기도를 배웠습니까?

5. 주기도문을 왜 성경적 기도를 이해하기 위한 필수 요소로 생각해야 합니까?

6. 주기도문의 각 문장의 의미를 간단히 설명해 보십시오.

7. 개인적인 기도와 그 중요성에 대해 설명해 보십시오.

8. 초대교회에서 공동체 기도, 공적 기도의 위치는 어떠했습니까? 오늘날 교회에서 그런 기도를 회복하기 위해 꼭 해야 할 일은 무엇입니까?

04.

회개와 죄 고백

과거 믿음의 선진들은 회개와 죄 고백을 은혜의 수단으로 거의 언급하지 않았습니다.

이는 기도의 필수 요소로 생각되었기 때문입니다.

다시 말하면 기도를 은혜의 수단으로 설명할 때 자연스럽게 회개와 죄 고백도 포함되었습니다.

그러나 오늘날 교회 안에 회개와 죄 고백에 관하여 너무도 많은 오해와 경시가 있기에 이를 은혜의 수단의 한 요소로 다룰 필요를 느꼈습니다.

현대 문화와 대부분의 복음주의 영역에서 회개와 죄 고백은 주로 적대시되거나 좋게 여긴다 해도 필요악 정도로 생각합니다.

또한 현대 심리학은 우리에게 어떤 값을 치르더라도 우리의 자아를 지키라고 가르칩니다. 그것이 실재를 부정하거나 서로에 대해, 그리고 우리 자신에 대해 거짓말을 하는 것이라도 말입니다.

문제를 더 심각하게 만드는 것은 대다수의 복음주의 설교가 성경의 빛이 우리의 잘못을 절대로 비추지 못하게 하거나 우리를 불편하지 않게 하려고 갖은 애를 다 쓰는 것 같아 보인다는 사실입니다.

우리는 마치 "나는 괜찮아. 너도 괜찮아."라는 상태를 어떻게든 유지하고자 목숨을 거는 것처럼 보입니다. 사실은 모든 증거가 반대를 향하고 있는데도 말입니다.

그 결과 우리의 양심은 갉아 먹힌 죄책감에 고통받고, 우리의 평안은 하나님에게서 멀어진 깊고도 오래된 감각에 지배당하고, 우리의 승리는 반영구적이라 할 수 있는 패배에 집어삼킨 바 되었습니다.

그리스도인을 괴롭히는 이 병폐의 치료책은 무엇일까요?

대부분의 경우가 그러하듯, 우리에게 필요한 약은 우리가 가장 피하고 싶은 약, 바로 회개와 죄 고백입니다!

세상의 눈, 육신의 눈, 무지의 눈으로 보면 회개와 죄 고백은 지나치게 많은 것을 요구하며 파괴적이기까지 합니다.

그러나 성경적인 눈으로 보면 그것은 하나님의 선물이며 우리를 회복과 평안과 기쁨으로 인도할 은혜의 수단입니다.

만약 우리가 그리스도께서 주시는 자신감과 기쁨으로 그분과 동행하고자 한다면 세상의 생각으로부터 돌이켜 성경에서 찾을 수 있는 치료책을 받아들여야 합니다.

세상이 제공하는 약물은 말씀이 제공하는 것과 정반대이므로 섞어서도 안 되고, 함께 처방될 수도 없습니다. 그것이 결국 환자에게 해가 되기 때문입니다.

따라서 우리는 세상의 치료책을 거부해야 합니다. 그것은 지긋지긋한 죄의 상처를 단지 덮어두기만 할 뿐입니다.

우리는 말씀의 치료책을 받아들이고, 그것이 우리에게 알려 주는 대로 딱지를 떼어 내고 상처를 깨끗이 닦아 내야 합니다.

회개

신약성경에 기록된 "회개"라는 단어는 대부분 헬라어 **메타노에오**(metanoéo)를 번역한 것입니다. 이 단어는 동사인 **노에오**(noéo, 이해하다, 인식하다)와 변화를 가리키는 전치사 **메타**(meta)의 합성어입니다.

따라서 회개란 사물에 대한 인식이나 실재에 대한 관점이 철저하게 변화하는 것을 수반합니다.

성경에서 이러한 사고의 변화는 단지 지성적인 부분에 머물지 않습니다. 감정과 의지에도 동일한 수준의 철저한 변화를 동반합니다.

회개에 대한 이해에 덧붙일 히브리어 단어는 동사 **나캄**(nacham)입니다.

이는 '숨을 깊이 들이쉬다'라는 의미를 지닌 어근에서 파생되었습니다.

또한 이것은 애통함, 후회, 회개와 같이 한 사람의 감정이 물리적으로 드러나는 모습을 전달해 줍니다.[17] 즉 성경적 회개는 단지 죄에 대한 우리의 생각이 변화하는 것만을 의미하지 않고, 죄에 대한 깊은 애통함을 포함합니다.

우리의 죄악 됨과 죄책에 대한 바른 이해는 우리를 진정한 애통과 부끄러움과 우리 죄와 육신에 대한 건강한 미움과 혐오로 인도합니다.

서기관 에스라는 이스라엘의 죄로 말미암아 "내가 부끄럽

---

17 *Theological Workbook of the Old Testament*, R. Laird Harris, Gleason L. Archer, Jr., Bruce K. Waltke (Chicago: Moody, 1980), 2:570.

고 낯이 뜨거워서 감히 나의 하나님을 향하여 얼굴을 들지 못하오니"라고 했습니다(스 9:5-6).

선지자 예레미야는 다음과 같이 부르짖었습니다.

우리는 수치 중에 눕겠고 우리의 치욕이 우리를 덮을 것이니 이는 우리와 우리 조상들이 청년의 때로부터 오늘까지 우리 하나님 여호와께 범죄하여(렘 3:25).

선지자 에스겔은 불순종하는 이스라엘이 드디어 주님을 향해 지은 죄의 본질이 얼마나 증오할 만한 것인지 깨달았을 때 자신들이 행한 모든 악행을 보고 증오하게 될 것이라고 담대하게 선포했습니다(겔 20:43).

사도 바울도 로마의 성도들에게 쓴 편지에서 그들이 회심하기 전에 행한 일들 때문에 여전히 수치스러워한다는 사실을 언급합니다(롬 6:21).

이런 이야기들은 자아상의 심리학이 가득한 이 세상과 복음주의권에서 설 자리가 없어 보입니다.

그럼에도 애통함, 수치, 자기혐오는 분명한 성경적 진리이며 성경 전체가 말하는 진정한 회개의 필수 요소입니다.

회개를 이해하려면 다음의 두 가지 측면을 반드시 고려해야 합니다.

즉 회심할 때 구원을 향해 돌이키는 회개와 그리스도인으로서 살아가는 성화의 전 과정에서 지속되는 회개입니다.

우리가 회심할 때 성령님은 우리의 마음을 새롭게 하시며, 우리 지성에 빛을 비추시고, 우리의 허물과 죄를 하나님의 진리의 계시로 밝히 드러내십니다.

하나님의 이러한 사역으로 말미암아 실재를 보는 우리의 지성과 관점은 철저하게 바뀝니다.

특히 하나님, 우리 자신, 죄, 그리고 구원의 길에 관해 그렇습니다. 즉 불신앙과 믿음의 자율성에서 하나님의 뜻을 믿고 순종하는 것으로 돌이킵니다.

회심 후에도 성령님은 지속적으로 회개를 일으키는 사역을 하십니다.

우리에게 하나님의 진리를 계속 드러내셔서 우리가 하나님의 성품을 점점 더 또렷이 보게 하시고, 계속해서 우리 자신을 밝은 빛으로 보게 하십니다.

그 빛 아래에서 우리의 죄가 드러나고, 우리는 회개와 죄 고백으로 자연스럽게 인도됩니다.

이것이 바로 수많은 옛 신학자들과 설교자들이 "갈보리의 길"[18]이라고 불렀던 길이며, 자유와 기쁨으로 향하는 길입니다!

회개와 죄 고백이 어떻게 우리를 생명으로 인도하는지 이해하기 위해서는 먼저 모든 종류의 죄가 그리스도인의 삶에 치명적인 병폐라는 사실을 알아야 합니다.

죄는 건드리는 모든 것을 오염시키고,[19] 노예로 삼으며,[20] 비참하게 만들고, 종국에는 죽게 만듭니다.[21]

무엇보다 죄는 성도와 하나님의 교제를 막으며 하나님께 쓰임받지 못하게 만듭니다.

성도를 우리 주 예수 그리스도 안에 있는 하나님의 사랑에서 그 어떤 것도 끊을 수 없다는 것이 온전히 받아들일 가

---

18 로이 헤션(Roy Hession)이 쓴 『갈보리의 길』(*The Calvary Road*)은 우리를 생명과 기쁨과 더 깊은 성화로 인도하는 '성경적 회개'를 다룬 훌륭한 저서다.
19 무릇 우리는 다 부정한 자 같아서 우리의 의는 다 더러운 옷 같으며 우리는 다 잎사귀 같이 시들므로 우리의 죄악이 바람같이 우리를 몰아가나이다(사 64:6). 네 눈을 들어 헐벗은 산을 보라. 네가 행음하지 아니한 곳이 어디 있느냐? 네가 길가에 앉아 사람들을 기다린 것이 광야에 있는 아라바 사람 같아서 음란과 행악으로 이 땅을 더럽혔도다(렘 3:2).
20 예수께서 대답하시되 진실로 진실로 너희에게 이르노니 죄를 범하는 자마다 죄의 종이라(요 8:34). 너희 자신을 종으로 내주어 누구에게 순종하든지 그 순종함을 받는 자의 종이 되는 줄을 너희가 알지 못하느냐? 혹은 죄의 종으로 사망에 이르고 혹은 순종의 종으로 의에 이르느니라(롬 6:16).
21 욕심이 잉태한즉 죄를 낳고 죄가 장성한즉 사망을 낳느니라(약 1:15).

치 있는 진리이듯(롬 8:39), 죄가 이 땅에서 하나님과의 연합을 방해한다는 것 역시 진리입니다.

시편 기자는 이렇게 부르짖습니다.

> 내가 나의 마음에 죄악을 품었더라면 주께서 듣지 아니하시리라(시 66:18).

선지자 이사야는 불법을 일삼는 이스라엘에게 담대하게 선포합니다.

> 여호와의 손이 짧아 구원하지 못하심도 아니요 귀가 둔하여 듣지 못하심도 아니라. 오직 너희 죄악이 너희와 너희 하나님 사이를 갈라놓았고 너희 죄가 그의 얼굴을 가리어서 너희에게서 듣지 않으시게 함이니라(사 59:1-2).

성도의 삶을 더럽히고 죽음으로 치닫게 하는 죄의 본질과 하나님과 성도의 교제에 미치는 죄의 영향을 피상적으로라도 보게 된다면 우리는 얼른 치료책을 찾게 됩니다.

뿐만 아니라 인생을 살아가는 전 과정에서 우리로 하여금

끊임없이 치료책을 적용하게 해야 합니다.

이 치료책은 바로 회개입니다.

이 치료약은 우리가 우리의 마음을 성경말씀에 완전히 잠기게 할 때, 성경적인 지역 교회 안에서 교제할 때, 그리고 죄가 드러났을 때 그것을 철저하게 처리하겠다고 굳게 마음먹을 때 가장 효과적입니다.

가장 먼저 우리는 하나님의 말씀에 깊이 잠김으로써 우리 죄와 회개의 필요성에 민감해져야 합니다.

다윗이 말했듯이 하나님의 말씀으로 우리 마음을 가득 채우는 것과 죄를 피하는 것 사이에는 직접적인 연관성이 있습니다(시 119:11).

여기서 우리는 신자가 갈수록 죄에 민감해지기 위해서는 하나님의 말씀이 절대적으로 필요하다는 사실을 인지해야 합니다.

죄를 깨닫는 것은 성령의 역사이지만(요 16:8) 성령이 우리의 마음을 절개하시기 위해 사용하시는 검은 다름 아닌 하나님의 말씀입니다.

또한 여기서 우리는 앞에서 언급했던 것을 다시 생각해야 합니다.

하나님의 말씀을 연구하고 그분의 빛을 더 많이 볼수록 이전에는 감추어졌던 죄가 드러나며, 하나님께서 죄를 보시는 눈으로 우리도 죄를 보게 되고, 거룩한 열정으로 죄를 미워하게 되며, 타협 없이 죄를 몰아내게 될 것입니다.

우리 삶에서 숨겨진 죄를 드러내시는 성령님의 역사는 매우 고통스럽고, 괴롭고, 가슴이 깨어지는 것처럼 아프지만 그것이 가장 확실한 치유의 길입니다.

암을 가지고 있으면서도 그러한 사실을 알지 못하는 사람은 그 순간의 무지로 인해 잠시 행복할 수 있겠지만 결국에는 그 무지가 그를 죽음으로 이끌고 맙니다.

반면 자신에게 암이 있다는 사실을 아는 환자는 한동안 슬픔에 잠기더라도 그의 마음을 아프게 했던 바로 그 소식이 궁극적으로 그의 생명을 살리는 소식이 될 것입니다.

두 번째로, 우리는 가시적 지역 교회의 참된 신자로서 성도들과 교제하며 그리스도인의 삶을 살아내면서 죄와 회개의 필요성에 민감해져야 합니다.

이는 오늘날 자주 간과되고 심지어 무시되기까지 하는 부분입니다.

하지만 성도의 교제는 절대적으로 필요합니다.

하나님께서는 각 성도가 경건한 장로들과 신실한 교사들, 그리고 성도 간의 교제 안에서 성장하도록 정하셨습니다.

구약성경이 이렇게 확증합니다.

철이 철을 날카롭게 하는 것같이 사람이 그의 친구의 얼굴을 빛나게 하느니라(잠 27:17).

신약성경은 더 명료하게 말합니다. 사도 바울은 사역자들의 주된 임무 중 하나를 다음과 같이 기록했습니다.

너는 말씀을 전파하라. 때를 얻든지 못 얻든지 항상 힘쓰라. 범사에 오래 참음과 가르침으로 경책하며 경계하며 권하라(딤후 4:2).

이러한 사역은 그리스도의 사역자들에게만 국한된 것이 아닙니다. 전 회중으로 확장되어야 하는 사역입니다.

바울은 골로새 교회에도 편지했습니다.

그리스도의 말씀이 너희 속에 풍성히 거하여 모든 지혜로 피차 가르치며 권면하고 시와 찬송과 신령한 노래를 부르며 감사하는 마음으로 하나님을 찬양하고(골 3:16).

히브리서 기자도 다음과 같이 동의합니다.

또 약속하신 이는 미쁘시니 우리가 믿는 도리의 소망을 움직이지 말며 굳게 잡고 서로 돌아보아 사랑과 선행을 격려하며 모이기를 폐하는 어떤 사람들의 습관과 같이 하지 말고 오직 권하여 그날이 가까움을 볼수록 더욱 그리하자(히 10:23-25).

만약 우리가 성경의 영감성, 무오성, 그리고 충분성을 믿는다면 성경적인 지역 교회에 지속적이고 실질적으로 참여하지 않으면서 하나님을 기쁘시게 하는 성숙함으로 나아가는 그리스도인의 삶을 한순간도 살아갈 수 없다는 사실을 기억해야 합니다.

교회 안에서 우리는 계속 전진할 수 있는 격려를 얻고, 우리가 걸어야 하는 길의 방향을 얻으며, 잘못하거나 헤맬 때 바르게 함을 얻고, 우리의 마음이 단단해지며, 목이 굳어지는 일들에 책망을 받습니다.

만약 그러한 모습이 당신의 교회에서 발견되지 않는다면 당신의 교회는 성경적이지 않은 것입니다!

세 번째로, 성령으로 말미암아 말씀을 통해 죄가 드러나면 그 죄는 반드시 지체 없이, 핑계 없이, 진지하고 철저하게 다루어져야 합니다.

예수님은 제자들에게 이렇게 말씀하셨습니다.

> 만일 네 오른눈이 너로 실족하게 하거든 빼어 내버리라. 네 백체 중 하나가 없어지고 온몸이 지옥에 던져지지 않는 것이 유익하며 또한 만일 네 오른손이 너로 실족하게 하거든 찍어 내버리라. 네 백체 중 하나가 없어지고 온몸이 지옥에 던져지지 않는 것이 유익하니라(마 5:29-30).

물론 이는 다소 과장된 표현입니다.[22] 하지만 죄가 드러났을 때 우리가 어떻게 처리해야 하는지를 올바르고 힘있게 전달해 줍니다. 우리는 망설임이나 타협, 혹은 핑계 없이 죄를 단념해야 합니다.

---

22 전달하는 진리의 중요성을 강조하기 위한 표현이다.

하나님의 말씀을 죄의 중심부에 적용하여 재빨리 판단하고, 커다란 증오심으로 우리에게서 죄를 몰아내야 합니다.

죄 고백[23]

참된 회개는 마음의 내적 애통함과 죄에서 진정으로 돌이키는 것뿐 아니라 우리에 대한 하나님의 판단은 참되고, 그분의 평결 또한 의롭다는 사실을 "우리는 죄인입니다!"라고 공개적으로 고백하는 것임을 알아야 합니다.

다시 말해 성경적 회개는 언제나 우리가 행한 것들을 인정하는 것이 수반됩니다.

이 진리는 현대 문화에 배치됩니다.

우리는 잘못을 인정하지 않고 언제나 핑계를 대며 자기를 합리화하는 사람들입니다.

우리는 언제나 우리 자신을 모종의 악하고 정확히 실체를 알 수 없어서 도무지 어찌 할 수 없는 힘의 피해자라고 생각합니다.

그렇게 우리는 우리의 죄를 우리 외부에 있는 무언가나

---

[23] 이 부분의 일부는 Paul Washer, *The Gospel Call and True Conversion* (Grand Rapids: Reformation Heritage Books, 2013), 1–21에서 발췌했다.

누군가의 탓으로 돌리는 영리한 기재를 찾아내거나 강구해 냅니다. 혹은 자기 의로 가득 차서 사회, 교육, 양육 방식 및 자라난 환경 등의 탓으로 돌립니다.

하지만 회심하는 순간 이러한 우리의 성향은 급격하게 변화됩니다. 언제나 밖을 향했던 우리의 손가락이 처음으로 자기 자신을 향하게 됩니다. 그리고 자기가 행한 잘못들을 솔직히 인정하게 됩니다. 우리의 입을 닫고 하나님 앞에서 자기 자신을 보게 됩니다(롬 3:19). 더 이상 핑계를 구하지 않고, 그리스도께서 대신 겪으신 고통으로 얻게 된 하나님의 자비 외에 다른 탈출구를 찾지 않게 됩니다.

이와 같이 자신의 죄를 개인적으로 인지하는 과정은 우리 행위에 온전히 책임지는 태도를 갖게 하며, 하나님 앞에서 정직한 투명성과 진심 어린 죄 고백이 이루어지게 합니다.

'고백하다'(confess)라는 단어는 헬라어 **호모로게오**(homologéo)에서 왔습니다. '같다'는 의미의 **호모스**(homos)와 '말'을 뜻하는 **로고스**(logos)의 합성어로, '같은 것을 말하다'라는 뜻입니다. 즉 고백은 우리가 하나님이 말씀하시는 것과 같은 것을 말한다는 것입니다. 고백할 때 우리는 하나님 앞에서 정직하고 투명하게 하나님이 설명하시는 것과 동일한 것을 말합니다. 하나님께 우리가 죄를 지었고, 그 죄는 혐오하고 미워할 만하다는 사실을 말로 인정하는 것입니다.

이러한 죄 고백이 참될 때, 애통함과 부서짐, 깊은 후회와 뉘우침이 동반됩니다.

성령께서 말씀을 통해, 혹은 다른 사람의 책망을 통해 우리가 죄 지었음을 알려 주실 때 우리는 하나님께 죄를 고백함으로 동일한 내용을 말씀드려야 합니다.

예를 들어 만약 우리가 자기중심적이고, 오래 참지 못하고, 사랑이 없다는 사실이 드러났다면 우리는 이렇게 우리의 죄를 고백해야 합니다.

"주님, 주님께서 제게 하신 말씀이 옳습니다. 저는 자기중심적이고, 참을성이 없고, 사랑이 없습니다. 주님의 그 위대한 이름과 그리스도의 대속하신 사랑으로 저를 용서해 주소서."

지금부터 이야기하는 성경적인 죄 고백의 세 가지 필수 요소를 주의 깊게 살펴보시기 바랍니다.

첫 번째는 죄를 고백하는 사람이 "만약 내가 죄를 지었다면"이라거나 일반적인 죄에 대해 말하지 않는 것입니다.

죄 고백은 성령께서 하나님의 무오한 말씀으로 드러내신

구체적인 죄들을 고백하는 것입니다.[24]

두 번째로, 참된 죄 고백은 변명하지 않으며 다른 사람에게 책임을 전가하지도 않습니다. 도리어 죄에 대한 책임을 온전히 짊어집니다.

세 번째로, 용서에 대한 소망은 신자가 과거에 선행으로 쌓아 올린 공적에 기초하지 않습니다.

오직 예수 그리스도의 대속의 희생에 근거합니다.

성숙한 신자는 자신이 하나님께 용서받을 수 있는 유일한 이유가 "성경대로 그리스도께서 우리 죄를 위하여 죽으시고 장사 지낸 바 되셨다가 성경대로 사흘 만에 다시 살아나"신 것 때문임을 아는 사람입니다(고전 15:3-4).

지금까지 언급한 기도에서 명백하게 드러나지는 않지만 꼭 강조해야 하는 죄 고백의 네 번째 필수 요소가 있습니다. 이것이 없는 회개는 의미도 없고 소용도 없기 때문입니다.

바로 믿음입니다. 우리는 반드시 무너지고 참회하는 자의 아무리 큰 죄도 용서하시고 깨끗하게 하신다는 하나님의 약속을 믿어야 합니다.

---

24 개인적으로 죄를 깨닫게 하시는 성령의 사역이 기록된 말씀의 바른 교리와 합치한다는 사실을 기억하는 것이 매우 중요하다.

하나님의 용서가 얼마나 크신지 가늠하는 것은 성숙한 신자에게조차 어려운 일입니다.

우리가 제대로 이해했다면 하나님의 은혜는 그대로 믿기에 너무도 좋은 일입니다. 심지어 사실이 아닐지라도 말입니다!

하지만 만약 우리 주님이시자 구원자이신 예수 그리스도의 십자가가 아니었다면, 그분이 우리 죄의 삯을 치르심으로 하나님의 공의를 만족시키시고 하나님의 진노를 누그러뜨리지 않으셨다면 불가능했을 일입니다.

십자가에 대한 올바른 관점이 없다면, 우리는 우리의 죄 가운데에서 베드로처럼 외치고 있을 수밖에 없을 것입니다.

시몬 베드로가 이를 보고 예수의 무릎 아래에 엎드려 이르되 주여 나를 떠나소서. 나는 죄인이로소이다(눅 5:8).

그러나 한 번이라도 갈보리 십자가의 참된 의미를 깨달은 마음에는 자신의 죄와 부정함을 씻기는 샘이 열릴 것입니다(슥 13:1). 그리고 그 깨어진 마음은 다음과 같이 담대하게 외칠 것입니다.

구하옵나니 주의 인자의 광대하심을 따라 이 백성의 죄악을 사하시되 애굽에서부터 지금까지 이 백성을 사하신 것같이 사하시옵소서(민 14:19).

우리는 반드시 하나님의 약속을 굳게 붙들어야 합니다.

너무도 쉽게 하나님이 우리와 같다고 생각하기 때문입니다(시 50:21).

그리고 하나님의 긍휼과 은혜와 용서가 우리와 같은 한계와 제한을 가진다고 생각하기 쉽기 때문입니다.

우리는 언제나 "이는 하늘이 땅보다 높음같이 내 길은 너희의 길보다 높으며 내 생각은 너희의 생각보다 높음이니라"(사 55:9)라는 말씀을 기억해야 합니다.

우리는 누군가를 일곱 번이나 용서해 주었다고 자랑하며 스스로를 매우 관대한 사람이라고 생각하면서, 하나님의 은혜는 우리를 일흔 번씩 일곱 번도 넘게 용서하셨다는 사실을 잊어버립니다.[25]

---

25 그때에 베드로가 나아와 이르되 주여 형제가 내게 죄를 범하면 몇 번이나 용서하여 주리이까? 일곱 번까지 하오리이까? 예수께서 이르시되 네게 이르노니 일곱 번뿐 아니라 일곱 번을 일흔 번까지라도 할지니라(마 18:21-22).

게다가 마귀는 우리가 하나님의 용서를 이해할 수 없게 하여, 그것이 우리에게 아무 영향을 미치지 못하게 합니다.

그는 우리를 송사하며, 하나님의 성품을 중상하고, 십자가의 효력을 저하시키며, 은혜의 무조건적인 본질을 부정합니다.

만약 마귀가 우리 죄를 별 볼 일 없게 만들어 회개가 필요 없다고 생각하게 하지 못한다면, 우리에게 용서가 필요하긴 하지만 그것은 절대로 얻을 수 없을 뿐 아니라 우리는 이미 하나님의 은혜를 벗어나 절망의 영역으로 들어간 것이라고 믿게 만들 것입니다.

만약 이것도 실패한다면 마귀는 우리가 하나님의 선하심을 의심하게 만들며 하나님의 진노가 수그러들고 우리가 죄를 애통하는 진정성이 증명되었다고 여겨지는 충분한 때가 될 때까지 그분을 떠나 있어야 한다는 확신을 줄 겁니다.

마귀의 거짓말은 강력합니다.

이미 당신과 나보다 훨씬 더 위대했던 성도들을 넘어뜨리는 데 성공했습니다.

그의 불화살에 맞설 수 있는 유일한 방패와 보루는 하나님의 약속을 굳게 붙드는 것입니다.

이 싸움에 대항하는 방법은 하나님께서 끔찍하도록 적나라하게 가슴 아픈 책망으로 우리 죄를 드러내시더라도 그분은 언제나 그분께 달려오라고 권면하시지 그분을 떠나라고 내쫓지 않으신다는 사실을 기억하는 것입니다.

죄에 빠진 신자를 하나님으로부터 떠나게 만드는 모든 소리는 육신의 것이며 세상의 것이고 마귀의 것입니다.

그 소리는 하나님으로부터 온 것이 아닙니다!

경건한 마음으로 죄를 애통해하는 것을 하나님께서 매우 귀히 여기신다는 것이 성경의 증언입니다.

하나님께서 구하시는 제사는 상한 심령이라. 하나님이여 상하고 통회하는 마음을 주께서 멸시하지 아니하시리이다(시 51:17).

지극히 존귀하며 영원히 거하시며 거룩하다 이름하는 이가 이와 같이 말씀하시되 내가 높고 거룩한 곳에 있으며 또한 통회하고 마음이 겸손한 자와 함께 있나니 이는 겸손한 자의 영을 소생시키며 통회하는 자의 마음을 소생시키려 함이라(사 57:15).

나 여호와가 말하노라. 내 손이 이 모든 것을 지었으므로 그들이 생겼느니라. 무릇 마음이 가난하고 심령에 통회하며 내 말을 듣고 떠는 자 그 사람은 내가 돌보려니와(사 66:2).
애통하는 자는 복이 있나니 그들이 위로를 받을 것임이요(마 5:4).
의에 주리고 목마른 자는 복이 있나니 그들이 배부를 것임이요(마 5:6).

용서를 향한 하나님의 이런 선하심과 열망이 우리의 참된 회개와 죄 고백을 은혜의 수단으로 만들고, 커다란 기쁨의 근거가 되게 합니다.

신자로서 우리는 우리의 죄가 드러났을 때 하나님의 말씀을 무시하거나 성령님의 음성을 듣지 않으려고 귀를 닫으면 안 됩니다.

도리어 스스로를 겸비하여 자신의 죄를 인정하고 돌이켜야 합니다.

그리고 하나님의 보좌로 달려가야 합니다.

하나님의 보좌로 나아가는 길은 예수 그리스도의 보혈로 영원히 활짝 열려 있을 것입니다.

히브리서 기자는 이렇게 설명하며 권면합니다.

우리에게 있는 대제사장은 우리의 연약함을 동정하지 못하실 이가 아니요 모든 일에 우리와 똑같이 시험을 받으신 이로되 죄는 없으시니라. 그러므로 우리는 긍휼하심을 받고 때를 따라 돕는 은혜를 얻기 위하여 은혜의 보좌 앞에 담대히 나아갈 것이니라(히 4:15-16).

믿음의 표징

이쯤에서 죄에 민감한 것, 회개, 그리고 죄 고백이 단지 성숙한 그리스도인의 척도이기만 한 것이 아니라 참된 회심의 표징이기도 하다는 사실을 짚고 넘어가는 것이 중요할 듯합니다.

회심한 사람이라면(회심한 지 얼마 안 된 사람이라도) 죄에 대한 새롭고 적대적인 경향을 보일 것이며, 회개와 죄 고백의 모습을 보일 것입니다.

반대로 회개와 죄 고백이 없는 것은 여전히 회심하지 못한 증거를 나타낼 수 있습니다.

이것에 대해 사도 요한은 다음과 같이 말합니다.

만일 우리가 죄가 없다고 말하면 스스로 속이고 또 진리가 우리 속에 있지 아니할 것이요 만일 우리가 우리 죄를 자백하면 그는 미쁘시고 의로우사 우리 죄를 사하시며 우리를 모든 불의에서 깨끗하게 하실 것이요(우리를 그리스도인 삼을 것이요) 만일 우리가 범죄하지 아니하였다 하면 하나님을 거짓말하는 이로 만드는 것이니 또한 그의 말씀이 우리 속에 있지 아니하니라(우리는 그리스도인이 아닌 것이다)(요일 1:8-10).[26]

참된 회심의 가장 큰 증거 중 하나는 죄 없는 완벽함이 아닙니다. 도리어 죄에 대한 민감함이며, 죄를 포기하는 것이고, 죄를 드러내어 고백하는 것이며, 용서를 기뻐하는 것입니다.

이런 이유로 참된 신자들은 역설적으로 비쳐질 수 있습니다. 한편으로 그들은 "애통하는 자"로 비쳐지지만(마 5:4) 다른 한편으로는 "영광스러운 즐거움으로 기뻐"하기 때문입니다(벧전 1:8).

신자가 하나님의 성품과 뜻을 아는 지식에 자라갈수록 더 큰 빛으로 자신의 죄를 보게 되고, 하나님께 합하지 못한 모

---

26 괄호 안은 저자의 설명이다.

습을 보게 됩니다. 이는 그들이 자신의 죄에 대해 더 크게 부서지며 애통하게 만듭니다. 그런 면에서 그들은 "애통하는 자"가 맞을 겁니다.

동시에 신자는 하나님을 아는 지식에 자라갈수록 하나님의 긍휼과 은혜를 그리스도의 존재와 구속 사역 가운데서 더 많이 보게 됩니다. 이는 그들이 하나님 안에서 얻은 구원을 더 많이 기뻐하게 만듭니다. 그래서 해가 거듭될수록 그들의 애통함과 기쁨도 함께 커져 갑니다.

마지막 날 그들은 많이 깨어지고, "영광스러운 즐거움으로 기뻐"하게 될 것입니다.

누군가 애통함과 기쁨이 어떻게 한 사람 안에 공존할 수 있냐고 물을 때 그들은 이렇게 대답할 것입니다.

"저는 죄인 중 괴수이지만 그리스도는 그런 저까지 구원하시는 위대한 구원자이십니다!"

이 위대한 전환에 주목하십시오.

그들의 기쁨은 더 이상 스스로 세운 빛바랜 공로나 들쑥날쑥한 행위에 있지 않습니다.

그리스도의 십자가와 거기서 흘러나오는 하나님의 은혜에 있습니다!

적용의 기쁨

중요한 진리들을 배웠으니 이제 우리는 그 빛에 우리 삶과 신앙고백을 점검해야 합니다.

하나님의 거룩하심 안에서 자라고 있습니까?

그로 인해 더욱 더 죄에 민감해지고 있습니까?

죄를 대할 때 더 큰 증오와 경멸로 반응하고 있습니까?

죄와 싸우고 계십니까?

당신의 죄가 하나님의 선하심과 함께 인지되어 당신을 회개와 죄 고백으로 이끌고 있습니까?(롬 2:4)

만약 당신이 이 질문들에 긍정적으로 답했다면 하나님이 당신 안에서 구원사역을 하고 계시다는 증거입니다.

물론 그럼에도 우리는 여전히 보존되고 성장해야 할 것입니다.

"우리가 스스로 우리의 행위들을 조사하고 여호와께로 돌아가자"(애 3:40)는 마음을 언제나 유지합시다.

하나님께서 긍휼 없이 잔혹하고 사랑 없이 정죄하는 분이라면 우리는 온 힘을 다해 우리 죄를 숨기고 **뻔뻔하게** 부정해야 할 겁니다.

그러나 우리 하나님은 "긍휼이 많으시고 은혜로우시며 노하기를 더디 하시고 인자하심이 풍부"하십니다(시 103:8).

그분은 자신의 독생자를 보내셔서 우리 모든 사람의 모든 죗값을 하나부터 열까지 치러 주셨습니다.

하나님께서는 "악인이 죽는 것을 기뻐하지 아니하고 악인이 그의 길에서 돌이켜 떠나 사는 것을 기뻐"하십니다(겔 33:11).

그러니 악한 길과 삶에서 돌이킵시다.

성경은 진노가 하나님의 "기이"한 일이라고 말합니다.[27]

그분은 은혜로우시며 높은 곳에서 애통하는 마음으로 기다리십니다(사 30:18).

이러한 하나님의 성품을 생각할 때, 우리는 결코 회개와 죄 고백을 사형집행자가 정죄와 죽음으로 이끌기 위해 행하는 것으로 볼 수 없습니다.

도리어 하나님께서 우리를 눈처럼 하얗게 씻기시고 그분의 임재로 돌이키시기 위해 그리스도의 보혈로 우리를 이끄시는 수단으로 생각해야 합니다.

---

[27] 대저 여호와께서 브라심 산에서와 같이 일어나시며 기브온 골짜기에서와 같이 진노하사 자기의 일을 행하시리니 그의 일이 비상할 것이며 자기의 사역을 이루시리니 그의 사역이 기이할 것임이라(사 28:21).

묵상과 질문

1. 회개의 성경적 정의를 써 보십시오. 그 정의에 헬라어 동사 **메타노에오**(metanoéo)와 히브리어 동사 **나캄**(nacham)의 의미를 포함시키십시오.

2. 그리스도인의 삶에서 죄는 커다란 질병입니다. 고백하지 않은 죄가 어떻게 신자의 삶을 파괴하는지 설명하십시오.

3. 참된 회개와 바른 성경 지식은 어떤 연관이 있습니까?

4. 참된 회개와 지역 교회 안에서 다른 신자와 교제하는 것은 어떤 연관이 있습니까?

5. 그리스도인은 죄에 대해 어떻게 반응해야 하고, 죄가 드러났을 때에는 어떻게 해야 합니까?

6. '죄 고백'에 대한 성경적 정의를 써 보십시오. 그 정의에 헬라어 동사 **호모로게오**(homologéo)의 의미를 포함시키십시오.

7. 성경적인 죄 고백의 네 가지 필수 요소는 무엇입니까?

8. 용서에 관한 하나님의 약속을 아는 지식 안에서 끈질기게 그 약속을 붙드는 것이 왜 중요합니까?

9. 겉으로 드러난 죄가 그리스도인에게 두려움이 아니라 소망으로 하나님께 달려가게 하는 이유는 무엇입니까?

10. 마귀는 왜 하나님의 백성들이 하나님의 용서를 의심하게 만듭니까? 그런 마귀에 맞서기 위해 우리가 할 수 있는 일은 무엇입니까?

11. 하나님은 자신의 죄를 애통해하며 용서를 구하는 신자에게 어떤 마음을 가지십니까? 이것에 대해 성경이 말하는 매우 중요한 내용에는 어떤 것들이 있습니까?

12. 그리스도인이 어떻게 애통하는 동시에 기뻐하는 자로 묘사될 수 있는지 설명하십시오.

13. 회개와 죄 고백이 어떻게 하나님의 선물이며 우리를 회복과 평안과 기쁨으로 인도하는 은혜의 수단인지 설명하십시오.

14. 다음 구절을 설명하십시오. "하나님의 성품을 생각할 때, 우리는 결코 회개와 죄 고백을 사형집행자가 정죄와 죽음으로 이끌기 위해 행하는 것으로 볼 수 없습니다. 도리어 하나님께서 우리를 눈처럼 하얗게 씻기시고 그분의 임재로 돌이키시기 위해 그리스도의 보혈로 우리를 이끄시는 수단으로 생각해야 합니다."

05.

교회

지금까지 은혜의 수단이 되는 말씀과 기도를 간략히 살펴보았으니 이제 교회와 성도 간의 교제, 그리고 의식을 다룰 차례입니다.

시작하면서 먼저 이 장에서 언급될 중요한 용어를 정리하는 것이 필요할 것 같습니다.

이 장에서 '교회'라는 용어는 가시적인 신자들의 지역 공동체(지역적 몸)를 의미합니다.

이들은 서로에게 헌신하며, 장로로 합당한 자격을 지닌 사람에게 목양을 받으며,[28] 성경적으로 합당한 자격을 지닌 집사에게 섬김을 받고,[29] 성경적 강해와 기도에 헌신하며,

---

28 딤전 3:1-7; 딛 1:5-9.
29 딤전 3:8-13.

의식을 지키고, 교회의 권징을 시행하는 이들입니다.

지역 교회는 정기적인 성경공부나 범교회적인 사역이나 인터넷에서 자기가 좋아하는 설교자의 설교를 듣는 것과 다릅니다.

이것의 차이를 언급하는 이유는 많은 사람이 결코 타협할 수 없는 하나님의 계획으로 주어진 성경적 지역 교회 안에서의 교제를 대체할 수 없음에도, 비공식적 교제로 함께 모이라는 명령을 순종하려 하기 때문입니다.

성숙하고 쓰임받기에 합당한 그리스도인으로 성장하는 것은 어렵습니다.

더욱이 가시적인 지역 교회와 그 교회를 가르치고 양육하고 인도하는 장로 및 치리하는 장로와의 참된 관계를 벗어나 믿음을 성장시키며 유지하는 것은 그렇지 않아도 어려운 길을 거의 불가능에 가깝게 만듭니다.

그러므로 지역 교회와 우리 이름을 알고 우리 삶을 살펴 주는 장로들이 있는 환경에서 우리의 구원을 위해 힘쓰는 것은 단지 도움이 되는 수준이 아니라 절대적으로 필수적입니다.

히브리서 기자는 이렇게 경고합니다.

또 약속하신 이는 미쁘시니 우리가 믿는 도리의 소망을 움직이지 말며 굳게 잡고 서로 돌아보아 사랑과 선행을 격려하며 모이기를 폐하는 어떤 사람들의 습관과 같이 하지 말고 오직 권하여 그날이 가까움을 볼수록 더욱 그리하자(히 10:23-25).

오늘날 앞에서 설명한 성경적 교회가(장로의 자격을 갖춘 사람의 목양을 받으며, 성경적 자격을 갖춘 집사들의 섬김을 받고, 성경적 강해와 기도에 헌신하며, 의식을 행하고, 권징을 시행하는) 부족한 상황이 안타깝습니다.

그러나 우리 개인은 불완전한데도 교회는 완벽해야 한다고 지나치게 엄격한 잣대와 요구사항을 들이대어서는 안 됩니다. 하나님의 말씀에 우리 자신을 잠깐 비추어 보는 것만으로도 길게 이어지는 결함과 끝없는 '해야 할 일' 목록이 만들어질 테니 말입니다.

이를 비롯한 여러 가지 이유로 우리가 개인적으로 성취하지 못한 것들을 교회에 요구하지 않도록 조심해야 합니다.

완벽한 교회를 요구하는 대신 장로들과 회중이 하나님의 기준을 알아가며 그 목표를 향해 애쓰는 교회를 찾아야 합니다.

장로의 자격을 갖춘 목회자

하나님께서 우리에게 주신 가장 위대한 은혜의 수단 중 하나는 성경이 말하는 자격을 갖추고[30] 기도와 말씀 사역에 전심으로 헌신한(행 6:2, 4), 신실하고 겸손한 복음 사역자입니다.

이 진리는 사도 바울이 에베소 교회에 보낸 편지에서 놀랍도록 선명하게 드러납니다.

> 그가 어떤 사람은 사도로, 어떤 사람은 선지자로, 어떤 사람은 복음 전하는 자로, 어떤 사람은 목사와 교사로 삼으셨으니 이는 성도를 온전하게 하여 봉사의 일을 하게 하며 그리스도의 몸을 세우려 하심이라. 우리가 다 하나님의 아들을 믿는 것과 아는 일에 하나가 되어 온전한 사람을 이루어 그리스도의 장성한 분량이 충만한 데까지 이르리니(엡 4:11-13).

이 본문은 교회를 건강하게 세우기 위해 신실한 사역자를 보내 주시는 분은 그리스도시라는 사실을 증언합니다.

---

[30] 딤전 3:1-7; 딛 1:6-9.

이런 선물을 무시하거나 경시할 수 있을까요?

그 중요성을 얕잡아 볼 수 있겠습니까?

그리스도께서 처방하신 약이 필요 없는 것처럼 행할 수 있겠습니까?

신실하지만 무언가 잘못된 인도를 받은 신자는 다음과 같이 대답할지도 모르겠습니다.

"하지만 성경이 말하는 것처럼 장로의 자격에 부합하면서 부르심에 신실한 사역자들이 없는 걸요."

이것에 대한 답은 두 가지입니다.

먼저 이 땅에 그리스도의 신실한 사역자가 없다고 말하는 것은 사역자를 향한 비판이라기보다 그리스도의 절대주권과 그분의 권능을 부정하는 것입니다!

교회는 그리스도의 교회이며 그리스도께서 공급하시고 지지하십니다.

많은 돌팔이와 강도 같은 사람들이 있는 것이 사실이지만 그리스도께서는 언제나 "바알에게 무릎 꿇지 아니한 사람 칠천 명"을 준비해 두십니다(롬 11:4; 왕상 19:18).

두 번째로, 우리는 아무리 훌륭한 사람도 이 땅에서 사역하는 한 그리스도의 완전하심에 비할 수 없다는 사실을 반드시 인식해야 합니다. 따라서 장로들이 성경이 말하는 자격에 부합하기를 바라며 그들이 신실함으로 자기 임무를 다하기를 기대할 수는 있으나 누구에게도 성경이 말하는 것 이상을 요구해서는 안 됩니다.

위대한 사도 바울도 자기 자신에 대해 다음과 같이 기록했습니다.

> 내가 이미 얻었다 함도 아니요 온전히 이루었다 함도 아니라. 오직 내가 그리스도 예수께 잡힌 바 된 그것을 잡으려고 달려가노라. 형제들아 나는 아직 내가 잡은 줄로 여기지 아니하고 오직 한 일 즉 뒤에 있는 것은 잊어버리고 앞에 있는 것을 잡으려고 푯대를 향하여 그리스도 예수 안에서 하나님이 위에서 부르신 부름의 상을 위하여 달려가노라(빌 3:12-14).

지금까지 일반 성도들이 주의해야 할 것을 살펴보았으니, 이제부터는 사역자들을 향한 경고와 가르침을 이야기하겠습니다.

모든 사역자는 성경에 신실하도록 부름 받았으며 그에 따라 모든 것을 판단받게 될 것입니다.

사역자는 성경이 말하는 자격에 대해[31] 스스로를 선한 양심의 눈으로 바라볼 수 있습니다.

그러나 성숙한 회중이 자신의 성품과 품행에 나타나는 구체적인 자격들을 인정하기 전까지는 사역을 맡지 말아야 합니다.

이러한 자격은 선택사항이나 후천적으로 기를 수 있는 것이 아닙니다. 타협이 불가한 요구사항들입니다.

더 나아가 사역자는 반드시 자신의 사역이 성경에 기록된 대로 설계되어야 하고, 한계 지어져야 한다는 사실을 인지해야 합니다.

사역자에게는 자기 업무 항목을 작성할 수 있는 자유가 없습니다.

그들은 반드시 성경에 명백히 계시된 대로 사역의 필수 요구사항들과 임무를 수행해야 합니다. 두려움과 전심으로 이 일에 온전히 드려지도록 부름 받았다는 사실을 확신할 수 있어야 합니다.

사역자의 직분은 특권인 동시에 중차대한 책임입니다.

---

31 딤전 3:1-7; 딛 1:6-9.

만약 당신이 그리스도의 사역자라면 다음의 경고가 당신의 마음과 생각의 가장 깊은 곳에 닿도록, 당신의 골수 중심에 닿도록 해야 할 것입니다.

만일 누구든지 금이나 은이나 보석이나 나무나 풀이나 짚으로 이 터 위에 세우면 각 사람의 공적이 나타날 터인데 그날이 공적을 밝히리니 이는 불로 나타내고 그 불이 각 사람의 공적이 어떠한 것을 시험할 것임이라. 만일 누구든지 그 위에 세운 공적이 그대로 있으면 상을 받고 누구든지 그 공적이 불타면 해를 받으리니 그러나 자신은 구원을 받되 불 가운데서 받은 것 같으리라(고전 3:12-15).

그런즉 우리는 몸으로 있든지 떠나든지 주를 기쁘시게 하는 자가 되기를 힘쓰노라. 이는 우리가 다 반드시 그리스도의 심판대 앞에 나타나게 되어 각각 선악 간에 그 몸으로 행한 것을 따라 받으려 함이라(고후 5:9-10).

내 형제들아 너희는 선생 된 우리가 더 큰 심판을 받을 줄 알고 선생이 많이 되지 말라(약 3:1).

아무리 성숙한 그리스도인도, 신앙생활을 오래 한 사람도 경건하고 겸손한 장로들의 가르침과 목양 아래에 있어야 합니다.

이것은 선택 가능한 교회 생활의 여러 전략 중의 하나가 아닙니다. 그리스도께서 그분의 교회를 향해 세우신 계획입니다.

당신과 저에게 필요한 것은 세련된 강연자도 아니고, 열정적인 성격의 소유자도 아니고, 톡톡 튀는 스타 설교자도 아니고, 영적 권위자도 아니고, 양떼로 자기 배를 불리는 삯꾼도 아닙니다.

우리에게 필요한 것은 양들을 위해 자기 목숨을 내어놓으며[32] 하나님의 백성들에게 필요한 양식을 공급하는 신실하고 예민한 청지기입니다.[33]

성도의 교제

지역 교회에서 누리는 또 다른 은혜의 수단은 성도 간의 돌봄입니다.

---

32 나는 선한 목자라. 선한 목자는 양들을 위하여 목숨을 버리거니와(요 10:11).
33 주께서 이르시되 지혜 있고 진실한 청지기가 되어 주인에게 그 집 종들을 맡아 때를 따라 양식을 나누어 줄 자가 누구냐(눅 12:42).

바울이 에베소 교인들에게 쓴 편지는 교회의 모든 사역이 사역자들에게만 주어진 것이 아님을 명확히 합니다.

> 이는 성도를 온전하게 하여 봉사의 일을 하게 하며 그리스도의 몸을 세우려 하심이라(엡 4:12).

특히 성령님은 각 사람이 지역 교회 사역에 기여할 수 있도록 지역 교회의 모든 구성원에게 은사를 더하십니다. 이는 교회의 모든 구성원에게 다른 지체들이 필요하다는 것을 증명하는 것이기도 합니다.

성경적으로 성숙한 기독교 신앙에는 '유아독존'이 자리할 수 없습니다.

앞에서 인용한 히브리서 10장 23-25절은 우리가 교회의 다른 구성원들을 통해 서로 자극과 격려를 주고받아야 하므로 모이기를 폐하지 말라고 우리에게 경고합니다. 이는 신약성경 전체에 드러나는 일관된 주제입니다.

몇 가지 예를 들겠습니다.

> 은사는 여러 가지나 성령은 같고 직분은 여러 가지나 주는 같

으며 또 사역은 여러 가지나 모든 것을 모든 사람 가운데서 이루시는 하나님은 같으니 각 사람에게 성령을 나타내심은 유익하게 하려 하심이라(고전 12:4-7).

각각 은사를 받은 대로 하나님의 여러 가지 은혜를 맡은 선한 청지기같이 서로 봉사하라(벧전 4:10).

그리스도의 말씀이 너희 속에 풍성히 거하여 모든 지혜로 피차 가르치며 권면하고 시와 찬송과 신령한 노래를 부르며 감사하는 마음으로 하나님을 찬양하고(골 3:16).

사랑하는 형제자매들이여, 지역 교회의 지체들이 꼭 필요하다는 사실은 아무리 강조해도 지나치지 않습니다.

지역 교회 안에서 우리는 모두의 성장을 위해 서로 돌보고 돌봄을 받도록 부름 받았습니다.

위대한 사도인 바울조차 이 놀라운 은혜의 수단을 필요로 했습니다.

로마에 있는 교회에 쓴 편지에서 그는 이렇게 말합니다.

내가 너희 보기를 간절히 원하는 것은 어떤 신령한 은사를 너희에게 나누어 주어 너희를 견고하게 하려 함이니(롬 1:11-12).

의식

신약 교회에는 두 가지 의식이 있습니다.

세례와 성찬입니다.

역사적으로 많은 복음주의자들이 성례(sacrament)보다 의식(ordinance)이라는 용어를 즐겨 사용했습니다. 사용하는 용어가 세례나 성찬을 통해 구원에 이를 수 있다는 잘못된 믿음을 전달하는 것을 방지하기 위해서였습니다.

세례로 중생한다는 교리와 그리스도의 몸이 빵과 포도주에 실재한다는 믿음은 중대한 오류입니다.

성찬은 그리스도의 죽음과 부활을 기억하는 것이며, 그분을 기억하기 위해 그리스도의 교회를 위한 그리스도의 구속 사역을 선포하고 시인하고 인치는 것입니다(고전 11:23-26).

세례는 그리스도 안에 있는 신자의 믿음을 공식적으로 선포하는 것이며, 공적으로는 그리스도의 존재와 복음, 그리고 그분의 백성과 하나 되는 의식입니다.

따라서 세례와 성찬을 구원하는 은혜의 수단보다는 다소 부족한 것으로 볼 수도 있지만 여전히 그것의 커다란 의의와 유용성을 높여야 합니다.

세례와 성찬 역시 성경을 읽고, 설교하고, 공적으로 기도하는 것과 비슷한 방식으로 우리를 성화시키는 은혜의 수단이기 때문입니다.

이 두 가지 의식을 통해 그리스도께서는 그분의 백성에게 자신을 선포하시며 드러내십니다.

교회의 권징에 관해 말씀하신 후 그리스도께서는 이렇게 선포하셨습니다.

> 두세 사람이 내 이름으로 모인 곳에는 나도 그들 중에 있느니라(마 18:20).

만약 이런 약속이 회개하지 않는 지체를 권징하기 위한 자리에서 적용되는 것이라면 지역 교회에서 세례와 성찬을 위해 모이는 자리에서는 얼마나 더 많이 적용되겠습니까?

그러므로 세례와 성찬의 중차대함은 강조될 수밖에 없습니다.

그럼에도 복음주의 교회들은 이 의식을 구원의 수단으로 보이지 않게 하기 위하여 다소 덜 중요하고, 덜 고귀하고, 덜 엄숙하게 묘사하곤 합니다.

결코 바람직하지 않습니다.

장로들은 반드시 이 두 의식에 대한 성경적 가르침을 가르쳐야 할 뿐 아니라 회중에게 이 의식의 특별한 의의를 전달하고, 신자들이 자신들의 마음과 생각을 어떻게 잘 준비할 수 있는지 가르쳐야 할 것입니다.

교회의 권징

많은 사람이 교회의 권징을 언급하는 것만으로 율법주의, 자기 의, 위선, 사랑 없음, 냉혹함 같은 부정적인 이미지를 떠올립니다.

어떤 사람들은 문맥과 무관하게 인용된 성경말씀으로 다음과 같이 주장하기도 합니다.

비판을 받지 아니하려거든 비판하지 말라(마 7:1).
너희 중에 죄 없는 자가 먼저 돌로 치라(요 8:7).

이와 같은 부정적 의견과 주장들은 서로 다른 세 가지 근원으로 거슬러 올라갈 수 있습니다.

과거에 비성경적인 방식으로 교회의 권징이 시행되는 예를 보았거나, 단지 성경말씀에 무지하거나, 진정으로 서로를 사랑하며 영적 관심을 보이는 것이 어떤 의미인지에 대해 반성경적이고, 육신적이고, 세상적인 의견만 가지고 있는 경우입니다.

그러나 우리는 예수님께서 지역 교회 회중에게 교회의 권징을 시행하도록 명하셨다는 사실을 절대로 잊지 말아야 합니다(마 18:15-17).

물론 교회의 권징이 비성경적으로 시행되는 것은 강하게 거부하고 책망해야 하지만, 목욕물과 함께 아기까지 버릴 수는 없습니다. 이는 사랑의 주님께서 명하신 것으로, 그분의 교회를 보호하고, 정결케 하며, 이끌어, 더 성숙하게 하시기 위해 주신 것입니다.

그러므로 교회의 권징 시행을 거부하거나 이론으로만 수용하고 실제로는 수행하지 않는다면 이는 주님과 교회 위에 있는 그분의 절대주권을 거절하는 것입니다.

더 나아가 이는 모르는 사이에 회중에 해를 입히며 그들이 성숙하지 못하게 할 것입니다.

교회의 권징을 긍정한다면 우리는 교회의 권징이 어떻게 회중의 영적 성숙을 이루는지 물어야 합니다.

가장 먼저 우리는 교회의 권징이 한 지체를 출교하기로

결정하기 한참 전부터 시작된다는 것을 알아야 합니다.

교회의 권징은 새 지체를 받고, 그들이 복음을 바르게 이해하며 스스로 회심한 것에 분명하고 선한 소망을 가질 수 있도록 성실하게 돕는 것에서부터 시작합니다.

두 번째로, 교회의 권징은 성경을 성실히 강해하며 장로들이 개인적으로 회중의 각 지체를 목양하는 것으로 드러납니다.

세 번째로, 한 지체가 명백한 죄에 빠졌을 때 권징의 첫 단계는 개인적인 교훈과 바르게 함입니다.

만약 그래도 회개하지 않는다면 한두 명의 성숙한 그리스도인이(대체로 장로들) 함께하는 가운데 분별하고 권면합니다.

그래도 회개하지 않는다면 그 사람에 대한 안건이 교회 전체에 공개됩니다(마 18:15-17).

최후의 수단으로 그 지체는 교회에서 출교됩니다.

그러나 출교되었다 할지라도 자신의 잘못을 회개한다면 사랑과 용서로 회중 안에서 다시 용납될 수 있습니다.[34]

결론적으로 저는 지역 교회의 참되고 적극적인 지체가 되

---

34 교회의 권징에 대한 주요 구절들은 다음과 같다. 마 18:15-20; 고전 5:1-6:11; 고후 2:1-11; 롬 16:17; 갈 6:1-2; 살후 3:6; 딛 3:10; 유 22-23.

는 것이 그리스도인의 영적 성장에 절대적으로 필수적이라는 사실을 다시 강조합니다.

하나님께서 우리에게 지역 교회와 신실한 장로들의 목양을 주신 이유는 이 길고 어려운 인생의 여정을 도우시기 위함입니다.

성경에 명백히 드러나듯, 이 위험한 여정은 홀로 걸어가기 위해 주어진 것이 아닙니다.

우리는 하나님의 뜻대로 드려져야 하며, 지역 교회의 적극적인 회원으로서 진지하게, 성경에 드러난 대로 그리스도와 그분의 명령을 좇아야 합니다.

묵상과 질문

1. 이 장에서 '교회'는 무엇이라 정의되었습니까? 교회를 이렇게 정의하는 것이 중요한 이유는 무엇입니까?

2. 다음의 진술을 설명하십시오. "우리가 개인적으로 성취하지 못한 것들을 교회에 요구하지 않도록 조심해야 합니다. 완벽한 교회를 요구하는 대신 장로들과 회중이 하나님의 기준을 알아가며 그 목표를 향해 애쓰는 교회를 찾아야 합니다."

3. 다음의 진술을 설명하십시오. "하나님께서 우리에게 주신 가장 위대한 은혜의 수단 중 하나는 성경이 말하는 자격을 갖추고 기도와 말씀 사역에 전심으로 헌신한, 신실하고 겸손한 복음 사역자입니다."

4. 디모데전서 3장 1-7절과 디도서 1장 6-9절이 말하는 장로의 자격을 선택이나 "후천적으로 기를 수 있는" 것으로 여기지 말고, 타협할 수 없는 요구 사항으로 이해해야 하는 이유는 무엇입니까?

5. 다음의 주장을 설명하십시오. "당신과 저에게 필요한 것은 세련된 강연자도 아니고, 열정적인 성격의 소유자도 아니고, 톡톡 튀는 스타 설교자도 아니고, 영적 권위자도 아니고, 양떼로 자기 배를 불리는 삯꾼도 아닙니다. 우리에게 필요한 것은 양들을 위해 자기 목숨을 내어놓으며[35]

---

[35] 나는 선한 목자라. 선한 목자는 양들을 위하여 목숨을 버리거니와(요 10:11).

하나님의 백성들에게 필요한 양식을 공급하는 신실하고 예민한 청지기입니다."

6. 에베소서 4장 12절과 골로새서 3장 16절에 비추어 볼 때, 성도의 교제가 어떻게 지역 교회에서 은혜의 수단이 될 수 있는지 설명하십시오.

7. 다음 진술의 의미를 설명하십시오. "성경적으로 성숙한 기독교 신앙에는 '유아독존'이 자리할 수 없습니다."

8. 세례와 성찬의 의미와 목적은 무엇입니까? 세례와 성찬이 어떻게 은혜의 수단이라 불릴 수 있습니까?

9. 다음 진술의 의미를 설명하십시오. "세례와 성찬을 구원하는 은혜의 수단보다는 다소 부족한 것으로 볼 수도 있지만 여전히 그것의 커다란 의의와 유용성을 높여야 합니다."

10. 교회의 권징을 제정하신 분은 누구입니까? 이것이 어떻게 교회의 권징이 하나님의 백성을 보호하고 바르게 세우기 위한 성경적 은혜의 수단이라는 사실을 증명합니까? 또한 성경적 교회의 권징이 회개하지 않는 지체를 향한 참된 사랑이라는 것을 어떻게 증명합니까?

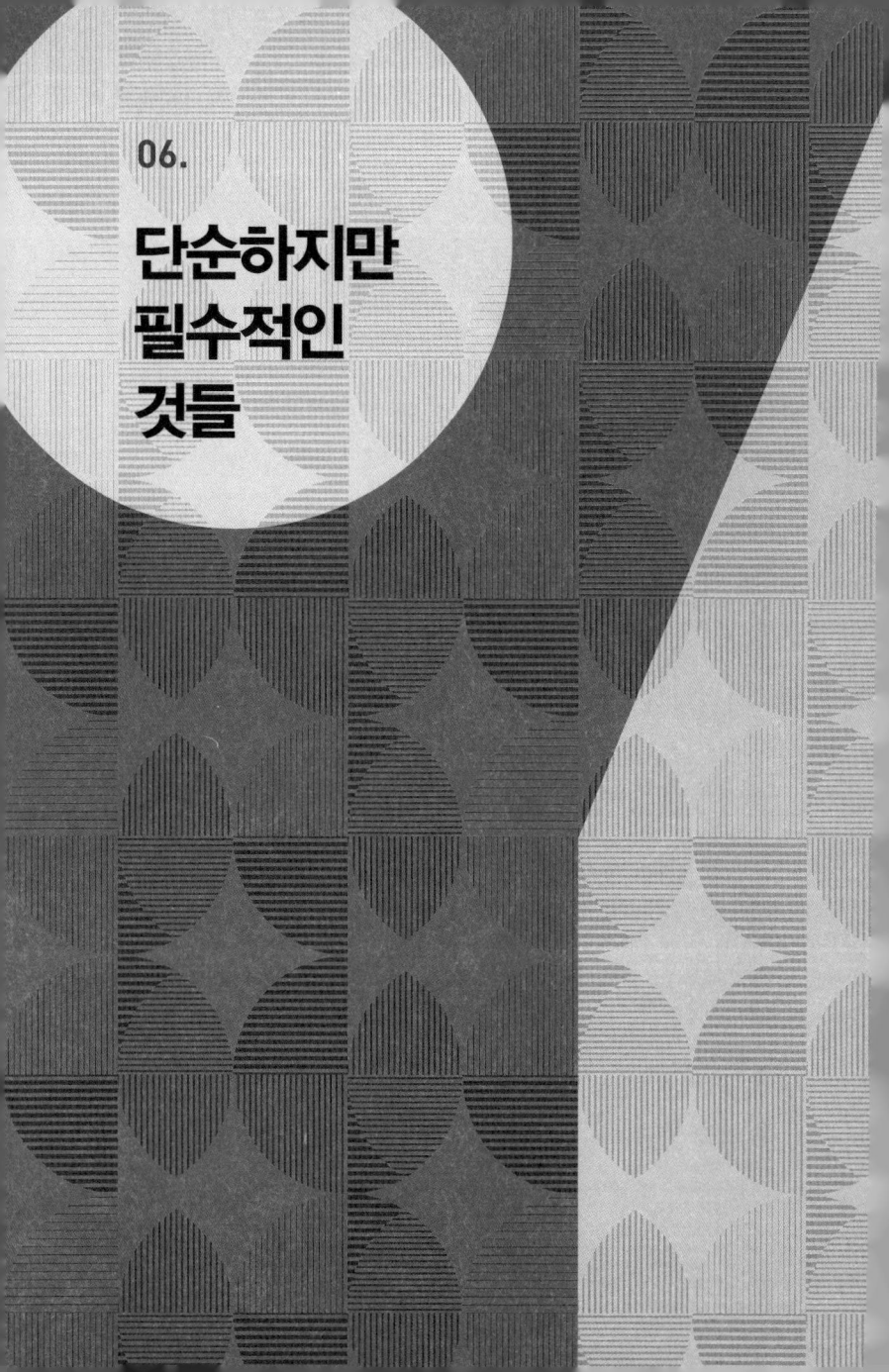

06.
단순하지만
필수적인
것들

성도의 성화를 돕는 은혜의 수단인 성경, 기도, 회개와 죄 고백, 그리고 지역 교회의 사역을 소개하는 이 작은 책이 막바지에 도달했습니다.

결론을 내리기 전에 이 책에서 제안하는 것들이 지나치게 단순하다고 여길 독자들을 위해 약간의 설명을 덧붙이려 합니다.

아마도 독자들 중에는 그리스도인의 연약함과 죄악됨은 너무도 다양하고 복잡해서 이 책에서 다룬 내용처럼 단순한 치료제로 고쳐지거나 극복될 수 없다고 생각하는 분이 있을 것입니다.

그러한 생각에 대해 저는 다음과 같은 세 가지 의견을 드리겠습니다.

첫 번째, 그리스도인들이 삶에서[36] 겪는 일반적인 어려움은 복잡하지만 그것의 근본적인 원인은 몇 가지에 불과합니다. 즉 육신, 세상, 그리고 마귀입니다.

우리는 그리스도 안에서 새로운 피조물이며 우리의 정체성은 더 이상 아담과의 관계로 결정되는 것이 아니지만(고후 5:17), 모든 신자에게는 타락한 인간의 본성이나 육신의 잔재가 남아 있습니다.

예컨대 성령을 거스르는 욕망과 성령에 반하는 싸움들 말입니다.

갈라디아 교회에게 바울은 이렇게 썼습니다.

> 육체의 소욕은 성령을 거스르고 성령은 육체를 거스르나니 이 둘이 서로 대적함으로 너희가 원하는 것을 하지 못하게 하려 함이니라. 너희가 만일 성령의 인도하시는 바가 되면 율법 아래에 있지 아니하리라(갈 5:17-18).

---

[36] 이 책이 말하는 것은 모든 신자에게 해당되는 일반적이고 **전형적인** 어려움과 장애물이라는 사실을 명확히 하고자 한다. 극단적인 정신(혹은 정서) 이상과 같은 특별한 상황에 처한 개인들을 염두에 둔 것이 아니다. 물론 그들 역시 이와 같은 "일반적" 은혜의 수단으로 커다란 유익을 얻을 수 있지만 신뢰할 만한 의학 전문가들과 성경적 상담 등의 도움이 병행되어야 한다.

의심할 여지없이 신자에게 가장 큰 싸움은 육신의 싸움입니다. 세상이나 마귀도 결국 할 수 있는 것은 우리 육신의 욕망을 끌어내고 뒤흔들고 유혹하는 것이기 때문입니다.

야고보가 기록한 다음 구절과 같습니다.

오직 각 사람이 시험을 받는 것은 자기 욕심에 끌려 미혹됨이니(약 1:14).

그러므로 육신과 육신의 욕망을 극복하는 것이 곧 싸움을 이기는 것입니다. 그리고 이 영적 싸움은 우리가 살펴본 은혜의 수단인 성경, 기도, 지역 교회의 사역을 통해 가장 효과적으로 승리할 수 있습니다.

두 번째로 이 책에서 제시한 것이 단순한 해결책이고, 이 전쟁을 하기에 몇 안 되는 무기이지만 이 모든 것은 성경이 인정하는 것들입니다.

물론 다른 곳에서 자신에게 필요한 약이나 무기를 꺼내는 것은 당신의 선택입니다.

그러나 사람의 생각과 책략은 헛되며 육신은 아무런 도움이 되지 않습니다(요 6:63).

성경이 우리에게 제공하는 무기들만이 "오직 어떤 견고한 진도 무너뜨리는 하나님의 능력"이며 이는 "모든 이론을 무너뜨리며 하나님 아는 것을 대적하여 높아진 것을 다 무너뜨리고 모든 생각을 사로잡아 그리스도에게 복종하게" 합니다(고후 10:4-5).

세 번째로, 저는 은혜의 수단의 능력을 의심하는 사람 대부분이 그 유익을 온전히 누리지 못하고 있다는 사실을 발견했습니다.

반복하는 말이지만 앞에서 물었던 질문들로 돌아갈 수밖에 없습니다.

정말로 우리는 성경이 말하는 바를 배웠습니까?

하나님의 약속을 온전히 기도 안에 쏟아 내고 있습니까?

성부, 성자, 성령과의 친밀함이 더 이상 자랄 여지가 없을 만큼 충분합니까?

지역 교회의 교제 안에서 얻을 수 있는 모든 유익을 거두었습니까?

그렇지 않다면 혹시 우리가 이 평범하지만 필수적인 은혜의 수단들에 태만했거나, 무신경했거나, 나태했던 것 아닐까요?

누군가 눈썹을 찌푸리며 이 책에서 제시한 은혜의 수단의 효용을 의심할 때면 저는 그들에게 말씀과 기도에 얼마나 시간을 들였는지, 성경적인 지역 교회의 회중과 장로들과의 교제에 얼마나 시간을 썼는지 되묻습니다.

대부분은 머리를 숙이고 어깨를 으쓱이며 자신이 그것들을 경시했음을 인정합니다.

지금까지 저는 그 모든 것에 최선을 다했지만 아무 효과가 없었다고 말할 만큼 뻔뻔스러운 영혼을 만나 보지 못했습니다.

사랑하는 형제자매 여러분, 우리 함께 참신앙과 인내를 가지고 부흥을 위해 기도합시다.

그날이 오기까지, 우리 자신을 이 일반적 은혜의 수단에 드립시다.

이를 통해 우리는 그리스도께 합한 사람이 되고, 조금은 괜찮은 사람이 될 수 있을 것입니다.

**당신의 형제
폴 워셔**

사명선언문

너희가 흠이 없고 순전하여……세상에서 그들 가운데 빛들로
나타내며 생명의 말씀을 밝혀 _ 빌 2:15-16

1. 생명을 담겠습니다
만드는 책에 주님 주신 생명을 담겠습니다.
그 책으로 복음을 선포하겠습니다.

2. 말씀을 밝히겠습니다
생명의 근본은 말씀입니다.
말씀을 밝혀 성도와 교회의 성장을 돕겠습니다.

3. 빛이 되겠습니다
시대와 영혼의 어두움을 밝혀 주님 앞으로 이끄는
빛이 되는 책을 만들겠습니다.

4. 순전히 행하겠습니다
책을 만들고 전하는 일과 경영하는 일에 부끄러움이 없는
정직함으로 행하겠습니다.

5. 끝까지 전파하겠습니다
모든 사람에게, 땅 끝까지, 주님 오시는 그날까지
복음을 전하는 사명을 다하겠습니다.

서점 안내

광화문점   서울시 종로구 새문안로 69 구세군회관 1층
02)737-2288 / 02)737-4623(F)

강남점   서울시 서초구 신반포로 177 반포쇼핑타운 3동 2층
02)595-1211 / 02)595-3549(F)

구로점   서울시 동작구 시흥대로 602, 3층 302호
02)858-8744 / 02)838-0653(F)

노원점   서울시 노원구 동일로 1366 삼봉빌딩 지하 1층
02)938-7979 / 02)3391-6169(F)

일산점   경기도 고양시 일산서구 중앙로 1391 레이크타운 지하 1층
031)916-8787 / 031)916-8788(F)

의정부점   경기도 의정부시 청사로47번길 12 성산타워 3층
031)845-0600 / 031)852-6930(F)

인터넷서점   www.lifebook.co.kr